人生をストレスフリーに変える

「おひとりさま」のお金の増やし方

瀬戸山エリカ *Setoyama Erika*

SOGO HOREI PUBLISHING CO., LTD

はじめに　私が「おひとりさま」を選んだワケ

あなたは、「おひとりさま」と聞くとどんなイメージがありますか？

ひと昔前は、独身、シングル、孤独など、パートナーがいない女性のイメージがありました。「おひとりさま」を辞書で調べてみると、「「一人」を敬って、また丁寧にいう語」という説明の後に、補足説明として
「遊園地などグループ利用の多い施設を、一人で利用して楽しむ人」

「精神的に自立しており、一人で行動できる人」

「未婚または配偶者との別離により、一人で生活している人」

などの意味が載っています（デジタル大辞林）。

本書を手に取ってくださったあなたは、**もしかしたら自分は「おひとりさま」かも、もしくは「おひとりさま」になる可能性を感じている、**のではないでしょうか。

「おひとりさま」という言葉が広がってきた背景として、2000年代には様々なことがありました。

2005年に「おひとりさま」が流行語大賞にノミネートされ、2007年には上野千鶴子さんの著書『おひとりさまの老後』（法研）が出版されてベストセラーとなっています。さらに、2009年には観月ありささん主演ドラマ『おひとりさま』（TBS）の放送などもありました。

「おひとりさま」という言葉が広がるのと同時に、「ひとりになったら老後のお金はどうなる？」、「仕事はできる？」「周りからどう見られる？」と言った不安を持つ人も増えていったようです。

■「おひとりさま」とは、自立して生きる人のこと

私が考える「おひとりさま」とは、単にパートナー不在の女性ではなく、**「経済的・精神的に誰かに依存していない人」**を指します。

さらに言えば「自分の時間も、パートナーや家族との時間も楽しむことができる余裕が

ある人」です。

近年は、仕事をしながらでも育児や介護と両立できるようにと1995年に成立した「育児・介護休業法」を始めとして、女性が活躍できる社会へと変化してきました。

結婚して専業主婦となるだけが女性の生き方ではなく、仕事を継続してキャリアを重ねる女性が増えてきたことで、**「おひとりさま」のイメージがポジティブなものとして定着**し、性別や世代関係なく、生き方をさすようになったのだと思います。

私自身、「おひとりさま」という言葉を意識していない頃から、このような女性を目指し、行動してきました。

夫からの経済的自立を目指して副業を始め、離婚後、自分の副業や物販事業の経験をコンテンツ化。2019年には、昔の自分のように自立を目指す方に物販ノウハウを指導する会社を立ち上げました。

会社経営2期目には年商5000万円を達成し、自由に使えるお金は年間で2000万円を超えるまでに。収入が増えたことで、双子の子ども達の教育資金の心配がなくなり、余裕資金を貯金や投資に回すことで、生活や老後の不安の9割は減らせたと感じています。自分自身にゆとりができたことで、昼間は好きな時に仕事、夕方からは子ども達と関わる時間と充実したライフスタイルを送ることもできるようになりました。

そして、今度は私と同じようなライフスタイルを目指す女性のために、支援やサポートの提供、ビジネスパートナーのために時間を取るようにしています。起業して4年が経ち、生徒の中にも、仕事を楽しみながらプライベートも充実した「おひとりさま」が増えてきています。

こんな風に、自立した「おひとりさま」になることは、何も私という限られた人に与えられる特権ではなく、**なりたいと思って目指せばどんな人にも不可能なことではない**と私自身が4年の間に数百人の方の相談にのって感じています。

では、こんな風に、現代の「おひとりさま」になるために必要なものはなんでしょうか。

それは**「お金」**。残念ながら、これを避けて通ることはできません。

例えば、シングルマザーは辞書で定義される「おひとりさま」のひとつの形ですが、シングルマザーの貧困は社会問題にもなっています。

２０１９年に厚生労働省が発表している母子世帯の年間平均所得は３０６万円。これは、児童扶養手当などの社会保障給付金や養育費、仕送りなどを含めた金額です。このうち、働いて得ている収入（稼働所得）は、年間平均２３１万円ほどしかありません。

日本人の所得中央値の半分を貧困線と言い、それを下回っている人の割合を「相対的貧困率」と言います。子どもがいる現役世帯のうち、大人が２人以上の世帯の相対的貧困率は10・７％であるのに対して、大人が１人の世帯は48・１％と、何と４倍以上も高い数字になっています。つまり、子育て世帯の中でも、**ひとり親世帯は特にお金がない状態に陥りやすい**んです。

私自身、結婚中の世帯年収は約８００万円、そのうち私の年収は約３００万円……。たとえ養育費、児童扶養手当などの公的援助を考えても、離婚した後も生活レベルを落とさないためには収入を増やす必要がありました。

相対的貧困率の推移

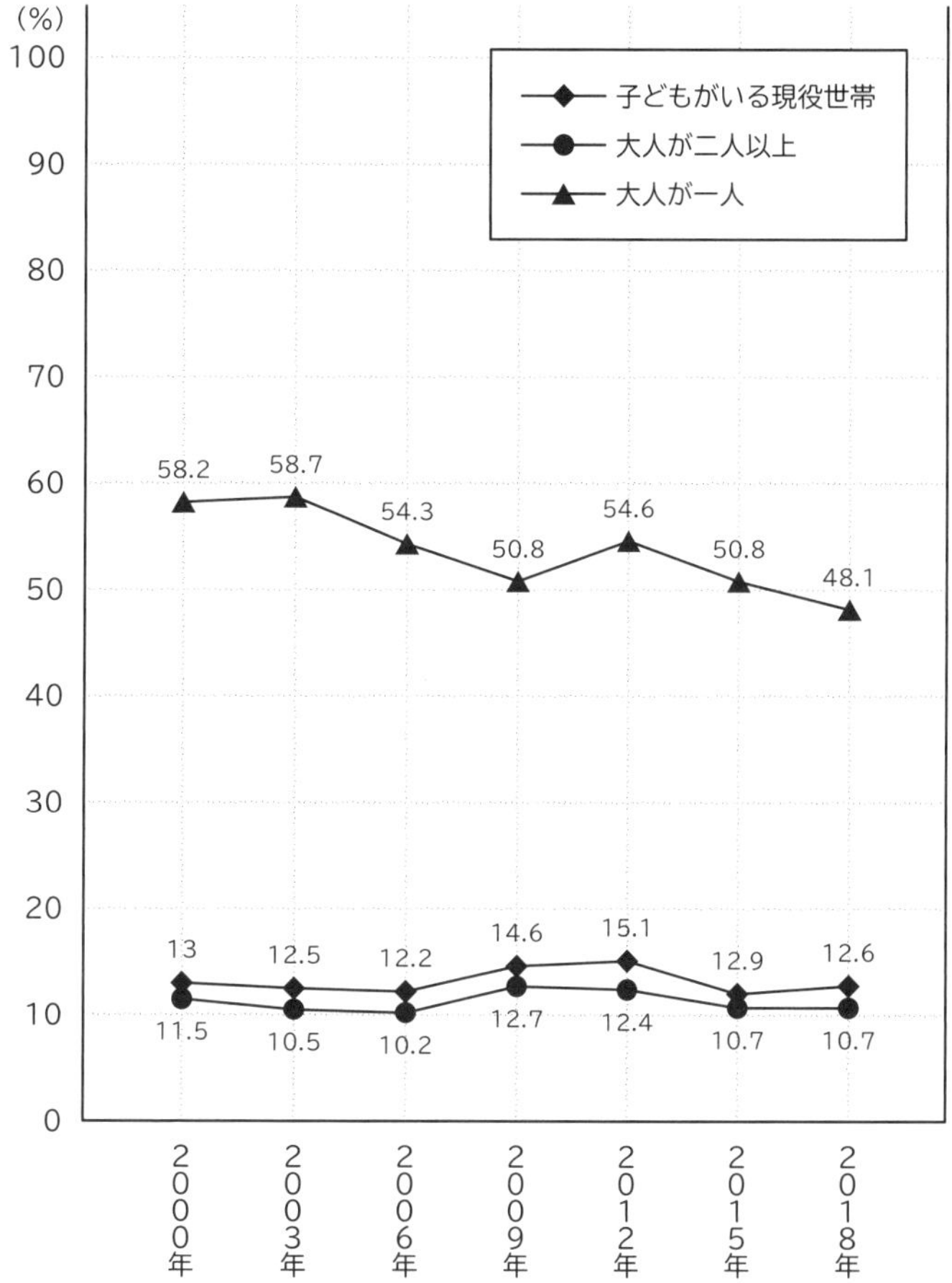

厚生労働省「2019年　国民生活基礎調査」より グラフ作成

だからこそ離婚を考えた時、早く収入になり、長く続けられる副業を探したのです。

本業だった看護師の労働時間を増やせば収入は上がりますが、子どもと一緒にいられる時間を減らしたくありません。そのため、家でできる仕事、という条件は譲れませんでした。

そこから、どうやって今に至ったのか。少し、私のこれまでのお話をさせてください。

「お金があれば自由に出来る」と思っていた幼少時代

あらためまして、私は瀬戸山エリカといいます。茨城県出身で、父は自衛官、母は専業主婦、弟がひとりの、ごく普通のいわゆる核家族世帯で育ちました。

母の口グセはズバリ、「うちにはお金がない」。

父が公務員で予想年収は約800~1000万円だと思うのですが、母は教育熱心で、小3から塾通いが始まり、姉弟2人とも私立中高一貫校へ……とかなり教育費にお金をかけていたのは、子どもの目から見ても明らかでした。

同時に、母には「一人前への最短ルートを辿るところ以外にはお金をかけない」という性分もありました。私が「剣道をやりたい」と言っても「将来役に立たないから」と断られ、「女の子だからピンクの服を着なさい」と好きな服の色も選べず……。

そんな毎日の中で、幼い頃から、「お金があれば自由に出来るんだ」「やりたいことを自分で選べないのは、お金がないからなんだ」と考えるようになりました。

母の「最短ルートにお金をかける」姿勢には、当時は反発もしていました。しかし、気づけば私も影響を受け、**「最もコスパが良いものを選ぶ」**という考え方が浸透していたのです。

「稼げる」から看護師の道に

医療系大学を出て看護師の仕事を選んだのも、「医療の知識は一生役に立つ」という意識に加えて、「年収が高い」という考えが根底にあったからです。世代や役職を無視した場合の看護師の平均年収は約500万円、会社員の平均年収が約400万円ですから、新卒から得られる収入が高いのが魅力でした。

しかし、実際に地方の一般病院に就職して看護師として働き始めると、深夜手当等の手当がなければ、それほど収入が高いわけではない仕事だと分かってきました。

そのため、就職後3年くらい経ち少し余裕ができた頃、「空いた時間で収入源を増やして、もっと収入を増やしたい」と考えるようになったのです。

職場にバレずに手軽にできる副業を探し、ブログのアフィリエイトやFXに挑戦。しかし、その分野の知識があまりになかったので、それはもう大失敗してしまいました。


その後、結婚を機に退職。小学生の頃の夢だった研究者を目指して大学院に進学しました。主婦業をしながら微生物の研究に打ち込み、楽しく充実した研究生活を送りました。

しかし、入学金や学費の支払いの為に、それまでの貯金はゼロに。さらに奨学金も借りたので、卒業後に修士（大学院卒）という学歴と共に残ったのは、約300万円という多額の借金でした。

この時、**「自分の好きなことをお金にすることは難しい」**と、私は痛切に思い知ったのです。

「おひとりさま」に戻る決意

その後、借金返済や生活のために、また看護師の仕事に戻ることにしました。

しかし、看護師に復帰して1年半後、双子を出産して生活が大激変!!


ひとりの時間はほぼなくなり、精神的な余裕も失って、気がつけば、怒ってばかりの人間になってしまいました。2人の子ども達がかわいくてたまらないのに、生来の自由を求める気質のせいか、自分の望む生活ができないことに耐えられなくなっていたのです。

せめて自分の学費に使ったお金を返さなければと、産後7カ月で復職したのに、2人分の保育料が月数十万円と、お金の面でも本末転倒になっていました。

私に余裕がなくなったことで夫婦関係も悪化。心から相談できる相手もなく、未来を考える時間もなく、日々に振り回された私は、さらに追い詰められていきました。


追い詰められた私の決断は、「おひとりさま」に戻ること。つまり、**離婚**です。

このままストレスに耐え続けるより、**自分で人生をコントロールして、自由に生きたい。**

そう強く思ったのです。

それでも、愛する子どもだけは手放したくありません。教育費や、自分の好きなことをする余裕、子どもと過ごす時間を確保することは必須です。そのために、絶対的に必要なものに気がつきました。


そう、**「お金」**です。


そこで、どうしたらお金が稼げるか、徹底的に調べました。

子どもとの時間を減らさずに在宅でできて、結婚している時と変わらない年収を保つことができるもの……情報を集めに集めました。

「30代半ば、2人子どももいて、貯金もなくて、もう失敗できない！」そんな後がない状況で、半年間とにかく慎重に検討しました。

そうして見つけたのが、インターネット上での物販ビジネスだったのです。

オンライン物販なら、誰でもうまくいきやすいビジネスモデルだと確信。思い切って始めた結果、初めの月は3万円、3カ月後に10万円の利益を達成できました。

このおかげで自信がつき、半年後に別居、1年後に離婚しようと目標を立てます。それから売上を着実に増やし続けて、目標通りに実行できました。

さらに、徐々に本業から副業へ、時間と労力の割合をスライドさせていきました。当初は看護師の仕事を辞めることは考えていなかったのですが、副業で十分に稼ぐことができるようになったので、脱サラ、そして法人化に踏み切りました。

今、私は自立した「おひとりさま」生活を自由に楽しんでいます。

副業の知識も何もなかった私がこんな風に成功できたのは、10万円、30万円、離婚……と、**ひとつずつ目標設定と成功体験を積み重ね、それをパターン化して応用していったこと**が大きかったのではないかと思います。

繰り返しますが、私には先見の明があるとか、パソコンスキルがすごいといった特殊能力はありません。当時あったのは、看護師12年の経験と4年のママ歴だけ。

現在私が教えている方達も、元々物販経験がある人は一握りで、ほとんどが副業経験なし、または専業主婦といったスキルゼロからのスタートです。それでも、階段を登るように、少しずつ収入を増やしています。

本書は、私の今までの経験や失敗、学びに基づいて、「おひとりさま」でもできるお金の増やし方を紹介します。これまでにも多くの方に教えてきた経験から、誰もがステップアップしながら実践できるように解説していきます。

全5章の道のりを通じて、一歩一歩前に進めるような構成になっています。

まず1章で「おひとりさま」をめぐる社会状況やよくある悩みを考え、これから「おひとりさま」として生きていく私達の現在地を知ることから始めます。

2章では、お金についての基本的な知識や考え方を学び、稼げる「おひとりさま」への第一歩を踏み出します。

その次は、実際にお金を増やしていくための方法を実践していきます。3章では10万円、4章では30万円と、段階的に目標を上げていくようにしました。

最終章である5章では、さらにその先の未来に向かって「ひとり」で歩いていくための方向を指し示せたらと思います。

本書が、「おひとりさま」として自立を目指すあなたの後押しになれたら、こんなにうれしいことはありません。さあ、自立への一歩目を踏み出していきましょう。

「おひとりさま」のお金の増やし方　CONTENTS

2章 今さら聞けない！「おひとりさま」に必要なお金の知識

3章 手堅く10万円！ 自分で稼ぐ力を身につける

4章 計画的に30万円！ 安定した収入を手に入れる

5章 いつか「おひとりさま」になりたいあなたへ

1章

これからの「おひとりさま」のリアル

今、「ひとり」で生きる人が増えている

「おひとりさま」の話、と聞くと、「自分は関係ない」と本を閉じようとしているあなた。待ってください。実はあなたにも関係がある可能性が高いんです。

なぜなら、**これからの社会は、「おひとりさま社会」と言ってもいいかもしれません**。

それくらい、実は「おひとりさま」がすごく増えているんです。

おひとりさまが増えていることを示すデータを見てみましょう。

2015年の国勢調査結果[※1]によると、世帯人員が1人の単独世帯、つまり「おひとりさま世帯」は1841万8000世帯にのぼり、2人以上の世帯と比べて最も多い数字になっています。

さらに、2000年から2015年までの15年間で、一般世帯のうち単独世帯の割合は

※1 総務省統計局「平成27年国勢調査人口等基本集計」

27・6％から34・5％までに増加。ひとり親と子どもから成る世帯、いわゆるシングルペアレントの世帯の割合も、7・6％から8・9％へと増加傾向にあります。

国立社会保障・人口問題研究所による推計では、2040年には、単独世帯の割合は39・3％、シングルペアレント世帯は9・7％にまで上昇すると見込まれています。[※2]

一方、両親と子ども2人という構成の世帯は、一般的に「核家族」と呼ばれて、日本の平均的な家族構成と考えられてきました。1982年生まれの私自身も、そのような家庭で育ってきています。

このような「夫婦と子から成る世帯」の割合は、同じく社人研の推計で、2015年の26・9％から2040年には23・3％へと減少すると言われています。

つまり、これからも伝統的な核家族はどんどん少なくなって、**ひとり暮らしやひとりで子育てをする人が、日本の半分近くになる**のです。

こういった話を、あなたはどう感じますか？

ひとりで生きていくなんて寂しい未来だと、不安に思う人もいるかもしれません。

※2 国立社会保障・人口問題研究所「日本の世帯数の将来推計（全国推計）2018（平成30）年推計」

私は、「おひとりさま社会」をポジティブに受け止めています。「ひとりで生きる」と言っても、別に「永遠に生涯独身」と決めなければいけないわけではないでしょう。籍を入れずにパートナーを持ったり、事実婚であったり、そうした**多様なライフスタイルが受け入れられやすい世の中になる**のではないかと感じています。

東京都内には、同性同士のパートナーシップを認めて、夫婦と同じ権利が得られる区もありますよね。そのように、現代は様々な保証制度も整ってきています。

児童扶養手当も、昔は未婚の出産では手当を受けられない時代がありましたが、2019年度に未婚のひとり親に対して臨時・特別給付金が出たのは記憶に新しい所です。良い意味で、社会は変化してきています。

元々私にとって、シングルマザーは決して遠い存在ではありませんでした。看護師という女性の多い職場で働いていたので、部署にひとりはシングルマザーや未婚の母がいたのです。彼女達は、ネガティブなイメージどころか、**大切なお子さんがいて、仕事をさっそうとこなして、皆さん輝いて見えた**ものです。

今は、私自身もシングルマザーとなり、「おひとりさま」の自由を謳歌しています。

社会全体でも、「おひとりさま」への抵抗が減っている実感があります。街を歩いていても「ひとり歓迎」の看板を見かけたり、遊園地で「ひとりレーン」があったり、「おひとりさま旅行」のパッケージプランが販売されていたりしますよね。すなわち、**市場が「おひとりさま」をターゲットにし始めている**のです。

実際、「おひとりさま」関連市場は年々成長しています。2020年に発表された矢野経済研究所による、おひとりさま関連市場の動向調査[※3]によると、2015～2019年度にかけて、「おひとりさま外食市場」は前年度比2・8％増、「おひとりさまカラオケ市場」が前年度比21・6％増と高い成長率を表しています。

あらゆる業界で、「ひとり」という設定が選択肢の1つになってきているのではないでしょうか。先ほどのデータから考えると、これからもっと「おひとりさま」市場は拡大していくことでしょう。「おひとりさま」の私からすると、とてもうれしいことです。

実は、自分が「おひとりさま」と言われる存在だと気づいたのはわりと最近のことです。ただ振り返ってみると、そもそも私はずっと「おひとりさま」だったのかも知れません。

※3 矢野経済研究所「おひとりさま関連市場の動向調査を実施（2020年）」yano.co.jp/press-release/show/press_id/2418

私は学生の頃からひとりでいることに対する抵抗がなく、「ひとりカラオケ」も「ひとりご飯」も全然ＯＫ！　グループにも所属しなくて平気なタイプでした。自分の好きなときに、好きなことをするのが性に合っていたんです。

とはいえ、全くグループに所属していなかったわけではなく、「ひとり」を保ちつつ、時々グループに参加する気ままなスタイルでした。飲み会に誘われても、行きたいときは行くし、行きたくないときは断るだけです。

幸いなことに、こんな私を中・高・大学の友人や、職場の方々も理解してくれて、人間関係が悪くなった経験は（少なくとも私からすると）ありません。まあ、自分が思う以上に、私の気が強かったこともあるのかも知れませんが（笑）。

誰かに頼らず寄りかからず、自分が思った通りに生きられる、とても気楽な毎日を過ごしてきました。

もちろん、そういう風にひとりでいられる人ばかりじゃないことも分かっています。後ほど解説しますが、人には社会的欲求というものがあり、人との関わりによって満たされる気持ちがあります。

ひとつのクラスの中に少人数グループができるのも、学生じゃなくても社会人サークルなどに所属するのも、人はつながりがなくては生きてはいけないからなんです。

私のところにご相談に来られる方も、シングルマザーやシングルファザー、離婚希望の方だけでなく、家で子どもと2人きりの専業主婦の方や、自分に自信がなくて一歩踏み出せないという方もいらっしゃいます。

仲の良い旦那様がいらっしゃっても、いつか「ひとり」になっても生きていけるようにと、頼もしい女性もいらっしゃいます。

今は、そんな**自由な生き方を選びやすい時代が来ている**のです。「ひとりで自由に生きたい」と願うことは、自然なことだと私は思います。

「ひとり」でも「ふたり」でも、悩みはなくならない

子どもの頃に読んでいた絵本や少女漫画は、たいてい「ヒロインは愛する人と結ばれて、

末永く幸せに暮らしました」とハッピーエンドで終わりました。

しかし、現実はそんなに甘くありませんよね。結婚がすべてを解決して永遠に幸せに暮らせるなんて、大人になった今では残念ながら夢物語だと分かってしまいました。

世界三大心理学者のひとり、アルフレッド・アドラーは、「人間のすべての悩みは人間関係によるもの」と語っています。

アドラーの心理学を紹介した『嫌われる勇気』（ダイヤモンド社）は、世界で累計600万部を突破するベストセラーになっていますが、実はアドラーは、1870年オーストリア生まれの心理学者。そんな100年以上前の人の教えが、今も世界中の人に受け入れられるということは、**人間の悩みとは、場所や時代が変わっても大きく変わっていない**のだなと感じます。

結婚してもその相手や子ども、さらに彼、彼女達にまつわる人間関係の悩みがあります。

また、独身で働いていても、職場の人間関係の悩みはずっとついて回ります。

人間関係以外の悩みを考えてみても、突き詰めれば、仕事、お金、後は健康。人の悩みって、結局その4つぐらいに絞られるのではないでしょうか。

看護師時代を振り返ってみても、「ずっとこの仕事を続けて本当に良いのかな」という不安や、「管理職になったら結婚できないかも」という悩みを先輩や同僚から聞いたものです。

職種が違っても、こういった悩みや不安って共通するところが結構多いと思うんです。

結婚すると、女性は出産というキャリアの一時断絶があり、また違う悩みが生まれます。

男性も、職場でのステップアップや転職について、悩みが尽きることはないですよね。

お金の悩みだって、人生にずっとついてきます。

私の公式LINEには月700件ほど、お金や副業のご相談が寄せられますが、その中には学生さんも、独身の方も、結婚されている方もいます。ご相談相手の方の年齢や状況に偏りはないんです。

私自身、独身の頃はお金に対して切羽詰まったことはなかったのですが、それなのにあまり貯金ができませんでした。当時は夜勤専属で集中治療室に勤務していたので、手当がたくさんあり、同世代の平均よりも多く給料をもらっていたのに……。

独身で余裕があるからと、よく考えずにお金を使ってしまっていたんですね。

自己投資や老後の貯金にお金を回すこともできるのに、実際はそこまで考えられないわけです。独身時代の私と同じように過ごして、40、50代になったときに、「お金がない」と気がつく人も多いのではと思います。

結婚してからも、なかなかお金が貯まることはなく、悩みはなくなりませんでした。

世帯収入こそ増えましたが、家のローンが加わっても夫の収入は増えません。さらに、子どもが生まれたら、将来の教育費の不安が生じてきます。もし子ども1人を私立の小中学校・高校に行かせようと思ったら、子ども1人につき3000万、4000万円と必要になりますから。

つまり、既婚か独身かによる差は、実はあまりないのではないでしょうか。「おひとりさま」でも、そうでなくても、お金の悩みって何かしらあるものなんです。

そのため、**悩みを根本的になくそうとするのは諦めたほうがいい**のです。

そうではなく、**その悩みが生じたときに、解決する選択肢**をいくつか持っておきましょう。選択肢があれば余裕ができて、ずっと悩みを抱えこまずに済むことも多いからです。

お金があれば、選択肢を増やせます。例えば、職場や家庭の人間関係に悩んでも、別のコミュニティとのつながりを持っていれば、心の支えになるかもしれません。しばらく生活を支える貯金があれば、転職や離婚なども考えやすくなるでしょう。健康の悩みでも、お金があれば、大きな病気を患ったときでも選べる治療方法が増えるのは、看護師を12年してきた私自身がよく分かっています。

人は人と関わらずに生きていくことはできません。悩み自体をなくすのではなく、解決できる余裕を持つことが、人生を楽しく生きるコツです。

そのために、悩みの解決に使えるお金を増やし、選択肢を増やしておきましょう。

老後の孤独は他人事ではない

「老後に面倒を見てくれる人がいない」
「動けなくなったときの収入がない」
「死ぬときにひとりじゃ嫌」

こうした老後への不安から、「おひとりさま」になりたくないという声もあります。しかし、「将来ひとりになるのが不安だから」という理由でパートナーを作ろうとするのは、ちょっと話が違うのではないでしょうか。

たとえ結婚して子どもがいても、老後に孤独になる可能性は十分にあります。熟年離婚、子どもとの家族内不和、パートナーに先立たれるなど、人生何があるか分かりません。

私は、12年間病院に勤務する中で数多くの患者さんを見てきました。どんな家庭にも事情があり、外からはうまくいっているように見えても、揉めていることも多いものです。〝おしどり夫婦〟と言われる芸能人のご夫婦が突然離婚する……なんてこともよくありますよね。

つまり、**結婚が老後の孤独を解消することになるとは限らないのです**。

自分の看取られ方や老後の過ごし方は、結婚相手や子どもにゆだねるのではなく、自分で考えることです。老後の不安の元凶は、「おひとりさま」かどうかではなく、**自分が対策を始める時期が遅い**ことにあります。

2020年にセコムが行った「老後の不安に関する意識調査」[※4]では、老後の不安として、「病気・ケガ」「経済的な負担」「介護」があがっています。50代女性の実に9割が老後の不安を感じているにも関わらず、半数以上が「対策をしていない」と解答しました。

その理由は、「どのような具体的な対策をすればいいか分からないから」です。

※4 セコム株式会社「老後の不安に関する意識調査」

老後の不安をなくすためには、何よりまず、**経済的な余裕を持つこと**が重要なのではないでしょうか。

「老後に面倒を見てくれる人がいない」「動けなくなった時の収入がない」という不安は、お金で解決できます。お金があれば、何でも揃っている老人ホームや高齢者向けマンションなどの施設に入居できますよね。そのお金を元気なうちに稼いでおけばいいんです。

施設に入っておけば、入居者やスタッフの皆さんに看取られることができるので、死ぬときにひとりになる不安もありません。

メットライフ生命が2018〜2020年に行った調査[※5]では、20〜50代の8割以上の人が老後の不安を感じており、中でも40代では89・7％の人が「不安がある」と回答し、最も高い傾向が見られました。そして、全世代に共通して、特にお金に対する不安が高いという結果が出ています。

今、新型コロナの影響や経済への不安で、さらにこの意識は強まっています。新型コロナによる失業や残業減少による収入の低下、年金・医療・介護などの社会保険料の負担増加などにより、現役時代に貯金をすることができず、十分な資産を作ることができないま

※5 メットライフ生命「老後を変える全国47都道府県大調査」

まに退職を迎えてしまう人が増える可能性も高いのです。

とはいえ、たとえ現役のうちに十分な貯金ができなかったとしても、退職したら年金を受給できます。しかし、実際には**年金だけで老後の生活を送ることを難しく感じている人が多い**のも事実です。

第一生命経済研究所が40、50代を対象に行った調査[※6]によると、「老後、公的年金（厚生年金、国民年金等）しか生活資金がなかったとして生活できると思うか」という質問に、6割以上の人が「公的年金だけでは生活できない」と回答しています。

さらに、年収の低い人ほど、そのように答える人の割合が高くなっています。

厚生年金額は、月収、ボーナス、加入期間によって決まります。つまり、現在の年収が低い人ほど、将来受け取れる年金額も低くなるということです。そのため、今あまりお金を稼げていない人は、老後の年金暮らしに一層の不安を感じているのです。

だからこそ、**老後の選択肢を増やすためのお金を、今から稼ぎ始めておく**ことが大切です。健康な30代、40代のうちから老後を考えて、行動を起こす必要があるのです。

※6 第一生命経済研究所ライフデザインレポート「40・50代の老後に向けた経済的不安と就労意識」

私の元には、50～60代になって相談に来る方も多くいらっしゃいます。

50代から始めれば、まだ60代の生活に反映されるとは思います。しかし、65歳で定年退職した後に、自分で稼ぐ力を身につけるのは正直難しいものがあります。偏見などではなく、高齢になるほど、理解力や記憶力、身体能力が低下してしまうのは、人間誰しも起こることです。

こうした未来が分かっているのですから、早めに準備に取りかかるにこしたことはありません。**健康で、新しいことに取り組めるうちに、できることを始めておきましょう**。

結婚して子どもがいても、「将来子どもに頼りたくない」という方もいらっしゃいますよね。

私自身、子どもは自分達のやりたいことをやってもらって、私は私が稼いだお金で老後も過ごし、それを使い切ろうと思っています。子どものために残すというよりは、**生涯を自分のお金で暮らしていくためにお金を増やしている**んです。

自分が父から「俺達は老後も自分達でやるから、お前達は好きなことをやれ。自分達のことを考えておけ」と言われて育ったので、その影響も大きいのかも知れません。

自分の子ども達にもそう伝えていますし、そう言える自分をうれしく思います。

そして、今はパートナーがいなくても、仕事や趣味でのつながりなど、ひとりの人が多数のコミュニティに所属しやすい時代です。近年では、SNSやオンラインを通じて特にその傾向が強まっているのではないでしょうか。

自分がどこかに所属しているという意識は、老後の不安をなくし、充実した生涯を送るためにとても大切なことです。コミュニティについては、後ほど、詳しくご説明します。

インターネットがなかった1995年以前は、仕事や趣味のつながりよりも、共通の話題がある家族や地域の身近なコミュニティが全てだったかもしれません。しかし、**地理的な距離に関係なくつながりを持てる現代では、「孤独」の意味は変わってきている**のではないでしょうか。

コスパを高める時給思考

「おひとりさま」と聞くと、自由になる時間がたっぷりある、充実したプライベートを過ごしているというイメージがありますよね。

確かに、政府による「働き方改革」の推進などを受けて、職種や雇用形態に関わらず、仕事をする時間自体は減っている方が多いと思います。

しかし、実際に私の周りを見ると、ひとりでは時間が自由な分、生活リズムが乱れたり、あれもこれもと広く浅く手を出してしまう独身の方が多くいらっしゃいます。そうして、結局他のことをする時間があっても取れない、取らない。もしくは、「取って良いのか不安」という方もいます。

つまり、**せっかく時間があっても、有効に活用できない方が多い**のではないでしょうか。

独身時代の私も、時間を有効活用なんて全くできていませんでした。

看護師時代、最初は仕事がとても楽しく、職場の人間関係にも恵まれて、「こんなに楽しく働きながら毎月一定のお給料が入ってくるなんて、社会人ってなんて素晴らしい！」と心から思っていました。

しかし、社会人3～4年目になった頃、看護師の仕事はたくさん夜勤に出て手当がつかないと、基本給だけではそんなに稼げないということに気づいたんです。

それはちょうど、「5000万件の年金記録漏れ事件」「食品偽装問題」などが相次いで起こり、大手企業や年金への信頼が揺らいだ時期でもありました。大手だから安心、年金を納めているから老後も安泰と思うことができず、看護師を辞めるつもりはなかったものの、「効率よく収入を増やしたい」という思いが強くなっていったのです。

そこで、隙間時間を使って、ほとんど知識もないままアフィリエイトやFXなどのネットビジネスに挑戦。ことごとく大失敗してしまったのです。

勤務先が地方の病院だったのでアルバイトなどではすぐにバレると思い、「これならバレないだろう」と安易に考えて、アフィリエイトやFXを選んでしまいました。

元々お金が好きな私は、貯金が貯まっていくのを見るのがうれしくてうれしくて、通帳を常に見えるところに置いたり、お金に困っていなくても節約生活をしたりしていました。そんな私なのに、当時は老後の資金のことなど全く考えておらず、毎月それなりの給料が入ってくる生活に甘んじていたがゆえの失敗でした。まさに、若さゆえの過ちです。

だからこそ、「あの時間がもったいなかった」と今でも悔しく思っています。お金ももちろんもったいないですが、それよりも時間のほうが大事です。

ひとりは確かに自由で、結婚している人、子どもがいる人よりはるかに自分のために時間が使えました。それでも、**その自由に甘えていてはいけなかった**と思うんです。なぜなら、**時間はお金よりも、はるかに大切なものだからです**。

私は看護師として勤務してした頃、集中治療室という生命の危機にある患者さんを治療する部門にいたので、毎日のように亡くなる方を見てきました。しかも、突然の病気、怪我で亡くなってしまう方が多く、自分自身も「いつ自分が病気になったり、亡くなってしまうか分からない」とひしひしと感じていたのです。

だからこそ、「やりたいことは、やれるうちにやろう」と思うようになりました。

今独身で余裕がある方も、いつか結婚や仕事、家族の状況の変化などから、自由に使える時間がなくなってしまう可能性もあります。または、時間があっても健康でなくなり、やりたくてもできなくなる日がくるかもしれません。

健康で自由に動ける時間があるのは非常に貴重なことなんです。それを有効活用しないなんて、もったいないことです。

私は、自分でビジネスを始めてから視野が広がり、知識が増え、やっと時間を大切に考えるようになりました。

今は、**自分の時間を、常に時給で換算して考える**ようにしています。

例えば通勤1つをとっても、出産前は60分かけていましたが、副業で物販ビジネスを始めてからは自転車で10分に短縮しました。この50分がもったいないと考えたからです。

当時、私の年収は約３００万円で、年間の労働時間を２０００時間とすると、時給は１５００円。毎日の通勤時間60分×２＝１２０分で、１日３０００円分の時間を失っていたわけです。月に20日働いたとすると、６万円。年間で考えると、72万円分の時間をなくしてしまっていたことになるのです。

このように、金額にすると驚くほど時間を無駄にしていても、余裕があるときほど気づきにくいものです。コロナ禍を受けてテレワークやリモートワークが注目され、通勤時間の負の側面も鑑みられるようになってきたとはいえ、まだまだ完全にリモートで仕事ができない人も多いのが現状です。

しかし、たとえ20分でも積もり積もれば、人生においてどれだけの損失になるか……。まずは、この意識を持っておくだけでもいいかもしれません。あなたの時給はいくらですか？　何もしていない時間の金額はいくらになりますか？

時短家電やハウスキーピングなど、世の中には「時間を買える」商品やサービスがあります。**その商品やサービスの価格を、「1日当たりの短縮できる時間」に換算してみて、どれくらい価値があるのかを考えてみる**のもおすすめです。

例えば、5万円の自動食器洗い機で、1日20分の時間を短縮できるとします。1日20分×30日＝600分。つまり、月に約10時間の自由時間を与えてくれる価値があります。

月に10時間を5万円で買うのが、自分の時給と照らし合わせて割高か、割安か。そんな風に判断することを習慣にすると、時間を無駄遣いしなくなります。

最新の食器洗い機なら光熱費を抑えられて、手洗いするよりも年間約8870円も節約できるという試算もあります[※7]。楽して時間もお金も無駄遣いしないなんて、まさに一石三鳥です。

まずはぜひ、**時間の有効活用を考える習慣**をつけてみてはいかがでしょうか。

この習慣がつけば、お買い物の際に無駄がなくなります。あなたの時間に関わる商品はもちろん、その他の商品に対しても、「自分にとって、どれくらい価値があるのか」「自分の時給と照らし合わせて、割高か割安か」を判断できる力がついていきますよ。

※7 『知らなきゃ損する！お金の超得&裏技徹底ガイド』（コスミック出版）P・36

働き方改革は「おひとりさま」こそ有利

かつて、日本の高度経済成長期を支えた「終身雇用制度」や「年功序列制度」、「新卒一括採用」といった制度は、多くの企業で見直されてきています。その理由は、これらの制度が社会や家族のあり方に沿わなくなってきたからではないでしょうか。

高度成長期は、まさに私が育ってきた時代です。これらの制度は、「一家4人の核家族で戸建てに住む」のようなライフスタイルに基づいていました。多くの人がそのような暮らしをして、経済の成長と合っていたからこそ、成り立っていた仕組みだと思います。

しかし今の日本は、高度経済成長期とは異なり、銀行に預けてもほとんどお金を増やせない、超低金利時代にあります。しかも少子高齢化で働き手は減る一方で、今後の大幅な経済成長も見込めませんし、核家族も減りひとり世帯が増えています。

経済のあり方、家族のあり方が大きく変わってきているのです。

先ほど、「2040年にはひとり暮らし世帯が4割に迫る」という推計のお話をしました。

つまり、日本は「おひとりさま」が当たり前の社会にどんどん向かっていて、それに合わせて、**働き方の変化が起こっている**という向きもおおいにあるのではないでしょうか。

事実、政府の進める働き方改革の実行計画のひとつとして、2018年に副業が解禁になりました。さらに2021年4月からは、70歳までの雇用が努力義務とされています。

その裏には、少子高齢化を受けて、将来的に年金を受け取れる年齢が上がったり、受給金額自体も下がったりする可能性があるのではないかと思います。「自分のリタイア後の生活に必要なお金は自分で稼いでくださいね」という国からのメッセージが、暗に示されているのではないかと思ってしまいますよね。

「人生100年時代」と言われるほど、多くの人が長生きする社会になろうとしているのに、老後の公的資金は保障されていないということです。

こうした社会の変化がある以上、ひとつの会社で定年まで働くスタイルをいつまでも続けていくことは、過去の栄光にすがるようなものではないでしょうか。

そのままでは、社会に適応できなくなっていく危険もあるかもしれません。

こうした働き方の変化は、**「おひとりさま」の生き方には確実に追い風になっています**。なぜなら、「おひとりさま」の特権は、自分で人生を決められる自由度が高いことだから。「おひとりさま」が有利な世の中になってきつつあると言ってもいいかもしれません。「ひとりだから無理」ではなく、「ひとりだからこそできる」ことに意識を向けてみてください。この追い風に乗ってお金を稼ぎ、自由に生きられるチャンスが目の前に広がっているのです。

例えば、職場でうまく人間関係が築けない場合でも、一緒に暮らす家族がいると、いきなり仕事を変えることは難しいですよね。

しかし、「ひとり」なら転職するのも自由です。もちろん、社内の立場によっては難しい部分もあるかと思いますが、それでも家族がいる人よりは、誰かに迷惑をかけることもなく、比較的自由に動けるでしょう。

住む場所や仕事を変えることへの抵抗は、家族を持っている人に比べて、圧倒的に「おひとりさま」のほうが少ないです。**その自由さが、副業やフリーランスなどの多様な働き方にマッチ**して、今の時代に「おひとりさま」が稼ぎやすくなるのです。

私自身も、出産後に副業をしたいと思っても、当時の夫に反対されていました。「もっとやるべきこと（家事や育児）があるんじゃない？」と言われていたのです。

そのため、当時は夜中にこっそりインターネットで物販をしていました。それでも、「こっそり」でやれる範囲では、時間も作業環境もどうしても限界があります。

結婚しているままでは、自分の可能性が制限されてしまうように感じました。自由にお金を稼ぎたいという思いもあって、離婚したいと一層強く考えるようになりました。

実際に、別居を始めて夫の目、家事の時間という制限がなくなってからは、使える時間が増えると同時に、どんどん収入も増えていきました。

「おひとりさま」には、制限されるものが少ないのは確かです。したがって、これを活かさない手はありません。

人々の働き方や社会の状況も変わっている今だからこそ、この追い風に乗って、ぜひ収入を増やしていってください。

私達は、お金がないと始まらない社会に生きている

日本では昔から、たくさんお金を稼いだり、「お金が欲しい」と口にしたりする人を、悪く思うような風潮があります。

ＹｏｕＴｕｂｅで発信していても、「この人はお金ばっかりだ」と白い目で見られたり、辛口なご意見をいただいたりすることも正直多いです。

しかし、**お金のことを考えることは悪いことなのでしょうか？** 本当は思い込みにすぎないのではないでしょうか？

いくら「世の中お金じゃない」と言っても、私達が資本主義社会の日本に生きていく以上、たいていのことはお金で解決できてしまうんです。

資本主義社会では、社会主義とは異なり、自由にお金儲けをすることができます。資本家がお金を使って労働者を雇い、さらに利益を得るわけです。

その代わり、すでにお金を持っている人にさらに富が集中しやすく、勝者と敗者、つまり格差が生まれやすいという問題もあります。しかし、資本主義社会の日本に生まれてしまった以上、その事実を受け入れて、社会の一員としてやっていくしかありません。

あまり意地を張らず、お金は必要なものだと再認識してみてください。

まずは、**お金を好きになってみてはいかがでしょうか**。お金を好きになることは、お金を引き寄せることにもつながります。

私が運営している、副業や物販事業のノウハウを教えるスクールの生徒さん達は、「お金を稼ぎたい」「お金が好き」と正直に言われる方が多く、皆さん生き生きしています。中には以前の私のように、家族や勤め先に内緒にしていたり、反対されていたりする方もいます。それでも、お金を稼ぐという目標に向かって、まっすぐに頑張っています。そうやって、ひたむきに頑張っている人ほど、実際にたくさん稼いでいるんです。

そのような姿を見ていると、**世の中の人は、もっと自分の欲求に素直になっていいんじゃないか**と感じます。そのほうが、幸せな生き方ができるのではないでしょうか。

人間の欲求についての基本的な考え方として、**「マズローの欲求段階説」**という理論があります。

これは、アメリカの心理学者アブハム・マズローが提唱したもので、「人間の欲求は5段階のピラミッドのように構成されていて、下の階層の欲求が満たされると、より上の階層の欲求を欲する」という考え方です。五段階の内容は下から順に、「生理的欲求」「安全欲求」「社会的欲求」「承認欲求」「自己実現欲求」となっています。

下の階層の「生理的欲求」「安全欲求」は、「物理的欲求」とされています。いわゆる食欲や、危険な目に遭いたくないといった、生存のために最低限必要な欲求です。

しかし、上の階層の「社会的欲求」「承認欲求」「自己実現欲求」は、そうとも言えません。これらは、「精神的欲求」とされるものです。どこかのグループに所属したり、「自分が愛されている、求められている」と感じられたり、「ここにいていいんだよ」と誰かに認められたり。そういった、人と人との関係性の中でしか満たされない欲求です。

こうした**「精神的欲求」が満たされる環境にいなければ、人は本当の意味で幸せを感じることができません**。しかし、「精神的欲求」を満たすためには、まずはその下の階層の

マズローの欲求段階説

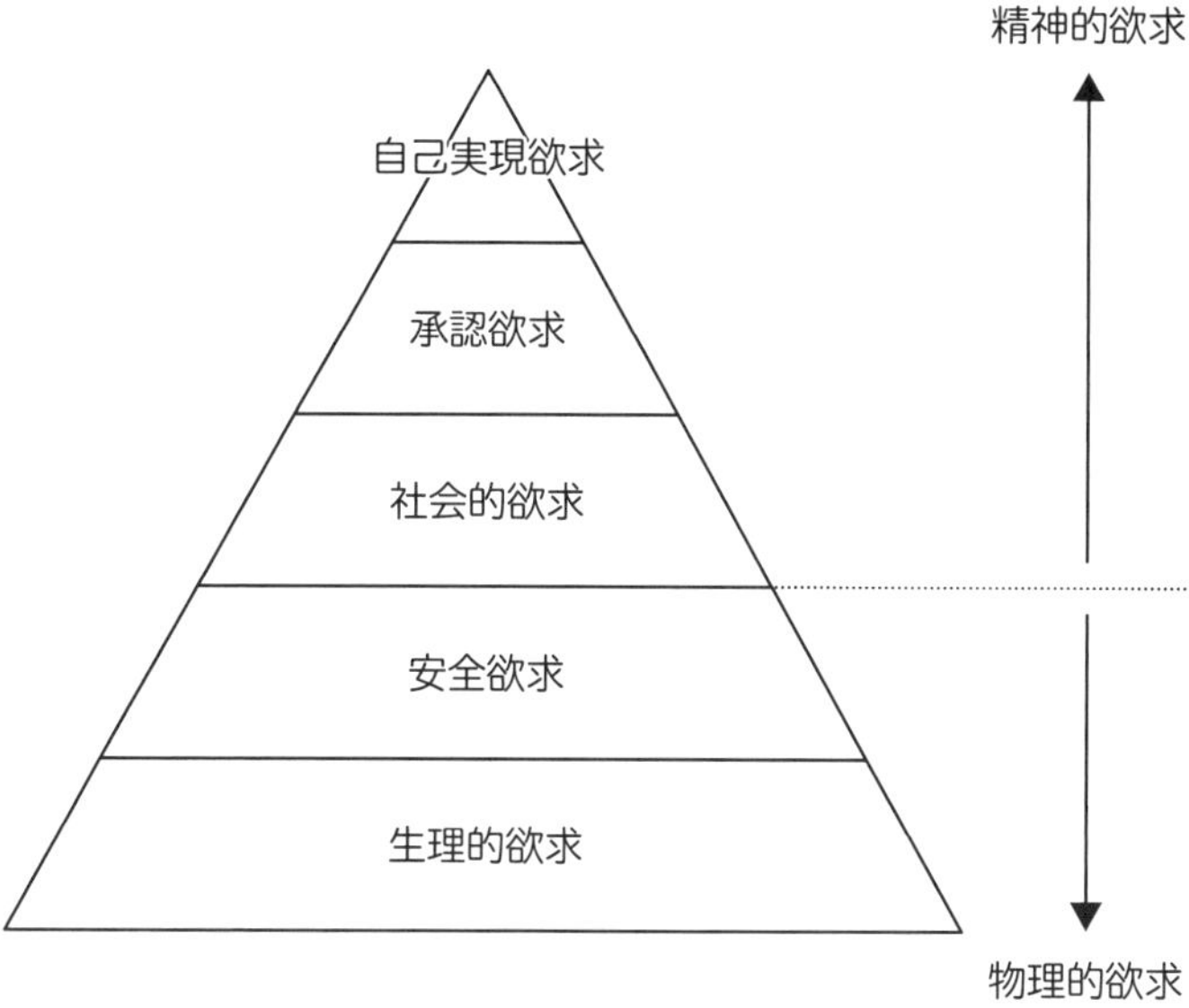
精神的欲求
自己実現欲求
承認欲求
社会的欲求
安全欲求
生理的欲求
物理的欲求

「物理的欲求」が満たされていなければいけないのです。

幸せな人生を送りたければ、たとえ「おひとりさま」として生きていくとしても、何らかの趣味サークルやコミュニティに入ったり、ＳＮＳなどで交流したりすることを通じて、人とつながりを持つべきでしょう。

しかし、そのためにも、結局はお金が必要になります。例えば、趣味のランニングサークルに入ろうにも、ウエアやシューズを買うためにお金が必要で、マラソン大会に参加するにも参加費が必要……。

人とつながりを持って、自分のやりたいことをやるためにも、やっぱり、まずは稼がなければいけないのです。

まずはお金を稼いで、次にやりたいことをする。その順番を逆にしてはいけないのではないでしょうか。

これは、私が夢の大学院生活で借金を作ってしまった経験を踏まえて、実感したことでもあります。看護師生活で貯めたお金で入学まではできたものの、仕事やバイトに時間を割かずに研究に没頭していたので、日々の生活費用や学費は借金でまかない、「大学院卒業」と同時に「借金」が残った経験です。

好きなことをして過ごすには、まず、その土台になる生活を支える必要があります。ひとりで自由に生きていくためには、心豊かに暮らしていけるだけのお金が欠かせないのです。

「稼ぐ力」＝「人生をコントロールする力」

「自分で稼ぐ力」とは、「人生をコントロールする力」だと私は考えています。

誰かに依存せず、自分の力でお金を稼ぐことができれば、そのお金を使って様々な選択肢を取ることができるようになります。選択肢が増えれば、人生の中で困ったことがあっても、自分の望む方向へ転換しやすくなるわけです。

自分が望むように人生をコントロールすることができれば、「おひとりさま」として理想の生き方にぐっと近づけるのです。

私は若い頃から、親に経済的に依存している状態から抜け出したくて、早くからアルバイトをしたり、卒業後すぐ年収が高めの看護師として働いたりしてきました。

それでも、今にして思えば、それも結局は会社にコントロールされている状態です。そのことに、最初は気づきませんでした。

子ども達との生活や離婚を考えるようになってからは、会社や時間に縛られる働き方をしたくないと思うようになっていきました。自分の力で稼げる収入源を作ろうと副業に取り組み、「これは、自分でコントロールできる仕事だ」と気が付いたんです。

その自由度、充実感は、看護師時代とは比べものになりませんでした。誰にも依存せず、自分で稼ぐ力を手に入れられるのだと知ったんです。

自分で稼げる力がついたおかげで、子どもを連れて、自信を持って離婚をすることができました。この経験によって、**自分の収入をコントロールできれば、最終的に、人生そのものもコントロールすることができる**と確信したのです。

私の生徒さんの中には、専業主婦の方も多くいます。

専業主婦をしていると経済的に旦那さんに依存しますから、どうしても、ある程度旦那さんにコントロールされている状態になります。その状態に耐えられなくなり、自分で稼ぐためにこっそり物販ビジネスを始める方が多いんです。

「自分で稼げるようになって自信がついた。自分のやりたいことがしたい」と自尊心が芽生え始める方や、「今までの我慢を解放して言いたいことを言えるようになった」と、離婚に向けて準備している方もいらっしゃいます。

自分でお金を稼ぐことができれば、結婚を続けながらでも旦那さんから経済的に自立して、自分で生活をコントロールできるでしょう。

実家で暮らしている方が、ご両親のコントロールから抜け出せるということもあります。

誰かに依存しないで**自分の人生を自分でコントロールできるようになる**ために、「おひとりさま」になりたい方こそ自分で稼ぐ力を身につけていただきたいのです。

入口は、今の生活を続けながらでもいいと思います。副業であれば、仕事もスケジュールも自分で調整できるので、本業や家庭とも両立しやすいです。徐々に稼ぐ力を身につけていって、将来的な自立を目指すことができます。

投資家、実業家のロバート・キヨサキは、著書『金持ち父さん、貧乏父さん』（筑摩書房）の中で働き方を4つに分け、「キャッシュフロー・クワドラント」と呼んでいます。

図の左側にいる「E」「S」が人口の9割。しかし、世の中のお金の9割は、右側の「B」「I」の人が持っているそうです。

これを知ったとき、私は本当に衝撃を受けました。言われてみれば確かに、世の中には「お金持ち」と言われる人達がいて、その人達は自分の好きなことをして人生を楽しんでいるように表向きは見えます。

この話を最初に聞いたとき、私はまだ看護師で、Eの従業員に属していました。

Iの投資家は利息で自分の生活費が賄える、夢のような生き方をしている人達です。世界的な投資家としては、世界最大の投資持株会社であるバークシャー・ハサウェイの筆頭株主であり、同社の会長兼CEOを務めるウォーレン・バフェットなどが有名です。ただ、世界の人口の1割がBとIだとすると、私が知らないだけで7億人は資本家・投資家がい

キャッシュフロー・クワドラント

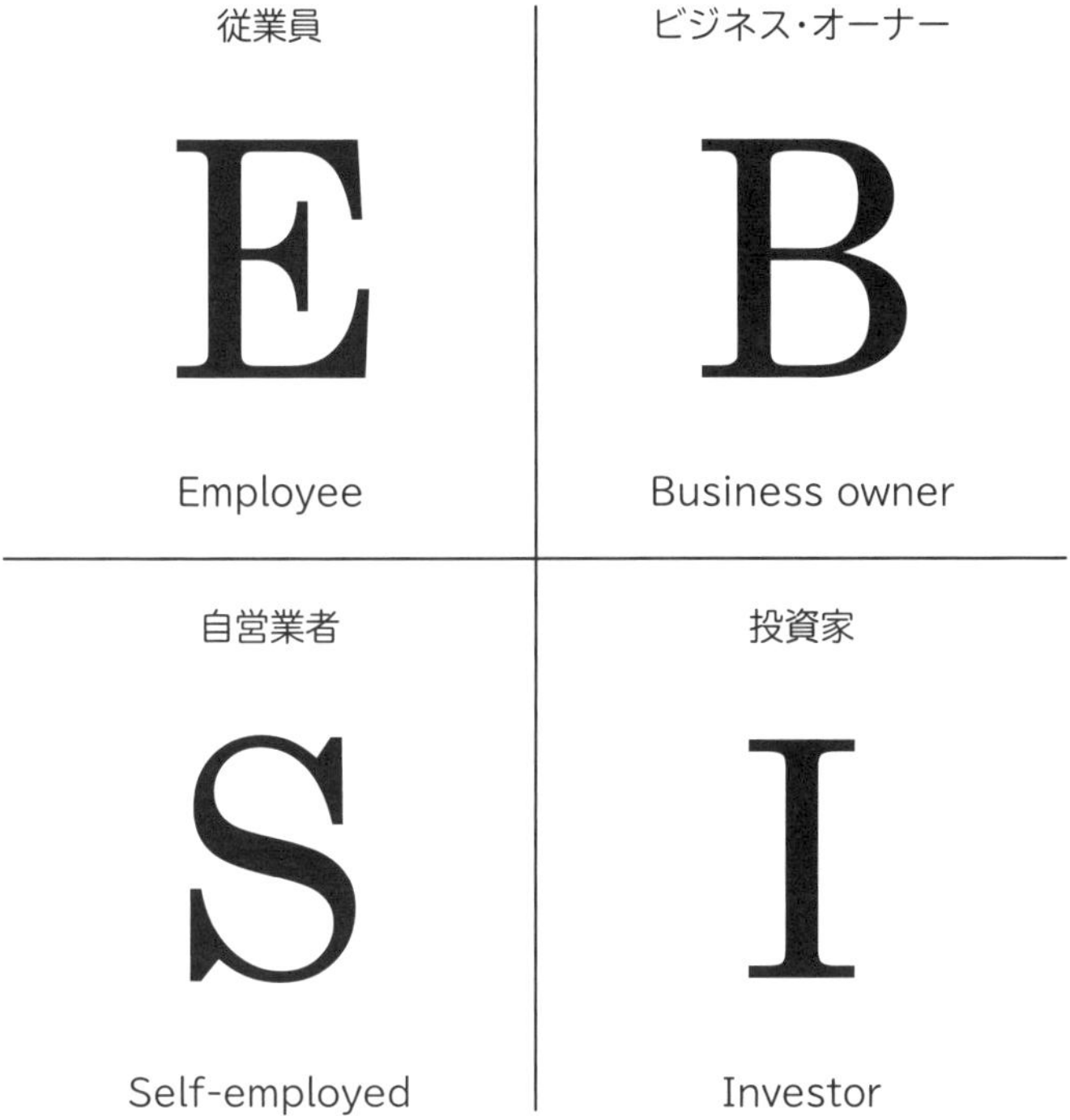

ロバート・キヨサキ『金持ち父さん、貧乏父さん』より

るはずです。

それを知った私は、ブログのアフィリエイトやFXで稼いで、一気にIに飛び級しようとしてしまいました。その結果、お金も時間も使い果たし、Eに戻ることになりました。

この経験で分かったことは、元から資産家の家に生まれたわけではない一般人の私には、**まずは自分でお金を生み出せるようにならないと、いきなり投資家になることはできない……**という ある意味で残酷な事実でした。

会社員としてがむしゃらに働いて収入を増やしても、1日は24時間。これが増えない以上、生活に支障を出さずに投資に使える金額には限界があります。

能力があってもなくても、給料の額はそこまで大きな差はありません。たとえ仕事ぶりが認められたとしても、昇給は年に1回。しかも、昇給額は1年に1回5000円前後が平均ですから、10年目でも5万円しか基本給は増えません。転職したり、出産などで時短勤務にしたりすると、昇給もなくなることがほとんどです。

そのような会社員生活を、20歳から65歳まで、45年間も続けられる自信が私にはありませんでした。

日本の女性の平均寿命は約87歳。それならば、今の5年間でも副業を頑張って、自分でお金を生み出すスキルを身につけようと考えたのです。

5年間は決して短くはないですが、87年の人生から見ると約6％です。45年間働けば、人生の50％以上。それに比べれば、大したことはないかなと思いました。

会社員のように、会社に自分の収入を委ねるのではなく、自分で頑張った分だけ収入が増え、さらに上を目指す策が練られる自営業者、キャッシュフロー・クワドラントで言うSをまずは目指したのです。


あなたは、現在どんな働き方をしていますか？

会社員なら、まずは個人事業主になることを、すでに個人事業主の方なら、ビジネスオーナーになることを意識してみてください。どうしたら会社員をしながら自営業者になれるのか、そしてビジネスオーナーになれるのかは、この後の章で解説していきます。

1章のまとめ

- ひとりで自由に生きることを選びやすい時代になっている。
- 悩みや不安をなくすことはできない。将来の選択肢を増やすためにお金の余裕を持とう。
- 時間はお金と同じくらい大事。有効活用を考える習慣をつけよう。
- 働き方改革は「おひとりさま」の追い風になる。
- 好きなことをして心豊かに暮らすには、その土台となる生活を支えるお金が不可欠。
- 稼ぐ力を身につけて、自分の人生を自分でコントロールしよう。

2章

今さら聞けない！「おひとりさま」に必要なお金の知識

「おひとりさま」に、最低限必要なお金はいくら？

人の一生には様々なお金がかかりますが、人生の三大資金と言われるものをご存知でしょうか？　それは、**「教育資金」「住宅資金」「老後資金」**です。

先の2つは素通りできる人もいるかもしれませんが、「老後資金」だけは、人生100年時代と言われるこの時代、どんな人も備えが必要です。

日本人の平均寿命は女性で87歳、男性で81歳。退職年齢を65歳としても、老後は20年近くあります。

少子高齢化になり、高齢者を支える現役世代が減っていけば、自分で生活する分は自分で補っていかなければなりません。退職後にも仕事を続ける人が増えていくでしょう。

しかし、いくら平均寿命が伸びたとはいえ、必ずしもずっと健康でいられるとは限りません。高齢になって体力がなくなったり、病気になったりすれば、その間は働けなくなるかもしれないことも考慮する必要があります。

これらを踏まえて、**自分に必要なお金を知っておくことが必須です**。まずは、最低限ひとりで生活していくのに必要なお金を把握しましょう。

ひとり暮らしに必要なお金の目安は、次のページの図のようになります。手取り月収などによっても支出にかけられる費用は変わってきますが、だいたいこのくらいと考えて良いでしょう。

実際には、ひとり暮らしの人は毎月どのくらい支出があるのでしょうか。総務省統計局[※8]のデータによると、2020年の単身世帯の生活費平均値は、月々で食費は約4万1000円、水道光熱費約1万1000円となっています。手取り15万円の目安金額は超えてしまっていますね。

気をつけないといけないのは、これはあくまで平均値の話だということです。子どもの有無や年齢によっては、もっと費用がかさむことが想定できます。

※8 総務省統計局「家計調査（家計収支編）時系列データ（総世帯・単身世帯）」

手取り月収に対するひとり暮らしの支出目安

	手取り収入／支出割合	15万円	30万円
住居費	30%	4万5000円	9万円
食費	15%	2万2500円	4万5000円
水道光熱費	5%	7500円	1万5000円
通信費	5%	7500円	1万5000円
日用雑貨費	3%	4500円	9000円
趣味娯楽費	5%	7500円	1万5000円
被服費	5%	7500円	1万5000円
その他	17%	2万5500円	5万1000円
保険料	5%	7500円	1万5000円
貯蓄	10%	1万5000円	3万円

家賃にしても、住む地域によって金額は大きく変わります。さらに、防犯がしっかりしたマンションに住もうと思ったら、目安とされる収入の30％より上げる必要があるかもしれません。

つまり、**手取り15万円では、住む場所を変えたり趣味等の費用を削ったりしなければ、生活が成り立ちません**。もちろん、貯金や積み立てなんて論外です。

この数字から考えると、余裕のある自由なひとり暮らしを叶えるためには、手取りで30万円くらいは最低限必要になるということです。

私自身、離婚を目的に別居に踏み切ったときの手取り収入は、だいたい16万円ぐらい。子どもが2人いて、当時の夫からの収入が完全になくなったので、かなり厳しい生活をしていました。

都内に2LDKの部屋を借りて、家賃は9万円。16万円の30％なら、4万8000円なんですが……目安金額の約2倍の費用です。敷金・礼金も思ったより高額で、別居するための初期費用は50万円くらいかかりました。

児童扶養手当や国民年金の全額免除などを使い、貯金を切り崩し、副業で10万円くらい稼ぎながら、なんとか乗り切っていました。

この切羽詰まった状態で、友人から「仮想通貨が儲かる」と誘いがありました。あまりにお金に困っていたので判断力が鈍り、「友人もやっているなら大丈夫」と自分に言い聞かせて手を出してしまい……結果、100万円を騙し取られる詐欺に遭ってしまいました。

この100万円は、子どもの将来のために貯めていた教育資金だったので、今でこそ笑い話ですが、当時は本当にショックでした。

お金がなければ、どうしても自分に余裕がなくなって、子どもにもひもじい思いをさせてしまう。痛い目を見たからこそ、楽してお金を増やそうとしないで、長く安定して生活を支えられる、堅実な収入源がないとダメだと痛感したんです。

この経験によって、離婚してひとりになっても、自分でしっかりお金を稼いでいこうと思いを新たにしました。

ひとりで気兼ねなく暮らしていくには、貯金もしっかりしながら、趣味娯楽も我慢したくないですよね。そのためにも、自分のライフスタイルを守りながら、お金をかけるところ、削るところをはっきりさせて、**自分なりの予算目安を持つ**ことが重要です。

そう考えると、多くの人にとって、やはり**手取り30万円は最低ライン**ではないかなと思います。ひとりで自由に暮らすためのスタートラインに立つための、最低金額だと言えるでしょう。

さらに多くの収入を目指したい人もいると思います。それを達成するためにも、まずは自分でお金を稼ぎ、生活を支える力を身につけていただきたいです。

コツコツ貯金するだけでは、資金作りにはならない

現在の収入は、今の生活の質だけではなく、将来のための貯金にも影響します。

おひとりさまにとって、経済的な不安を解決するためには、貯金をしておくことは避けられません。しかし、それがなかなか難しいという人も多いでしょう。

お金がしっかり貯まる人は、お金のことをきちんと知っている人。

まずは、自分に必要になるお金についてよく知りましょう。

例えば、老後に必要なお金を考えてみましょう。

2019年、金融庁が発表した資料の中で、「老後資金として年金のみでは1300万～2000万円程度不足する」という推計がなされました。これは、いわゆる「2000万円問題」と呼ばれ、一時期話題になりました。

老人ホームに入るとすると、多額の費用がかかります。例えば、民間の有料老人ホームでは、1000万～3000万円もの入居者一時金がかかることもあります。一時金なしの施設もありますが、人気が高く簡単には入れません。さらに、月額利用料、食費、介護保険自己負担分など、毎月15～30万円のお金がかかります。

老人ホームに入らないとしても、年金だけで生活していくのは難しいでしょう。現在65歳以上のひとり暮らしの平均は、月の生活費は14万4687円、年金収入は12万1942円です。[※9] つまり、毎月2万円以上は、貯金を切り崩すか、他の収入源から補填しているということです。

65歳から85歳までの20年間、毎月2万円の赤字を穴埋めするには、2万円×12カ月×20

※9 総務省統計局「家計調査報告（家計収支編）2020年（令和2年）」

年間で、480万円の貯金が必要です。

それでは、老後に必要になる金額を貯金で賄おうとしたら、どうなるでしょうか？

例えば、40歳の人が65歳まで25年間働いて、1300万円の貯金を目指すとします。

一般的な貯金金額の目安は、手取り収入の10％。手取り月収15万円では、月々の貯金額は1万5000円です。25年間、毎月1万5000円を貯めたとしても、450万円しか貯まりません。そう考えると、貯金額1300万円なんて、あまり現実的な数字ではありませんよね。

手取り月収が30万円なら月々の貯金額は3万円。それならば25年間で900万円貯まることになりますが、それでも心もとないかもしれません。

老後資金の準備に絶対の正解はありません。できるだけ長く働き続けようと考えている人もいるでしょう。しかし、70歳まで定年を延長して働くことを前提にしていると、万が一体を壊すなどして働けなくなったときに、首が回らなくなってしまいます。

したがって、老後も安心して生きていくだけの貯金を作るには、**月々一定額を貯めてい**

くだけではなく、貯金に回せるお金を増やしていく必要があると私は思います。

知っておくべき「お金の増やし方」基本ルール

お金を増やす方法は、**①節約をする　②収入を増やす　③投資をする**　の3段階に大きく分けられます。このどれかひとつだけ考えていても、十分な貯金はできません。

また、**3つの順番を間違えるとうまくいきません**。実際に、私は節約の次にすぐ投資をして、大失敗しました。その結果、それまでの貯金まで失ってしまったのです。

「なんだ、順番守るだけでいいの?」と思ったあなたは要注意です。

重要なのは順番だけではありません。

それぞれに、どれだけの労力をあてるか。現代は、長期のデフレ期間にあったこともあり、100円ショップや、リユース・リサイクルの推奨など、「①節約」に重きを置く風潮があります。

今あるお金を二重、三重に守りに守って、20〜30年かけて増やす……。確かに、その方法も間違いではありません。20代の方は、時間をかけてお金を増やすことも可能です。ですが、今30代以上の方はどうしたら良いのでしょうか？

私は、たとえ50代でも、今からできる収入の増やし方を提案したいと思っています。

ここからは、この3段階を順番に見ていきましょう。

節約大好き人間はもう古い

まず節約は、**家計簿を見直すときのファーストステップ**です。

これは、確かに間違いではありません。出費が減れば手元に残る金額が増えるので、理論上は貯金が増えることになるわけです。

節約を考えたときに、初めに取り組むことが多いのは、固定費の削減です。

家庭での毎月の固定費といえば、住居費（家賃・住宅ローン）、光熱費、保険料が分かりやすいですよね。ライフスタイルや家庭状況の変化にもよりますから一概には言えませんが、節約すればだいたい、毎月1～2万円は変わってくると思います。

これを年間にすると、12～24万円くらい。40歳から25年間やるとして、300～600万円。しかし、これでは老後資金には全然足りません。

とはいえ、さらに固定費を節約しようと思うと、生活の質を落として、駅から遠い家に住んだり、電気・ガスをあまり使わないようにしたり、毎日我慢を続けなければいけないでしょう。また、趣味や人間関係に使うお金を減らすことになるかもしれません。

ここで、節約大好きな方がついやりがちな節約方法を2つ取り上げたいと思います。

1つ目は、チラシを見て食材を購入することです。

うちの子どもが1歳の頃の話です。双子の保育園費は月約10万円、時短勤務の私の月収は手取り約12万円。当然ながら、節約します。

自宅から2㎞圏内のスーパーのネットチラシで安い食材を探しては、保育園のお迎え前の時間を使って自転車で遠くのスーパーまで行っていました。たった数百円のために……。

もう1つ特に節約したいママがやりがちなのが、自炊にこだわること。

確かに、安い食材を集めて作った手料理は安いです。しかも、食品添加物もない。もやしの炒め物なんて、ガス代を入れても100円にもならないでしょう。

しかし、自炊は恐ろしく時間を消費します。先ほどあげた、安い食材の買い出しはもちろん、レシピを考える時間・調べる時間、料理を作る時間、お皿を洗う時間。

お金に注目すると、惣菜500円を買うより数百円は安くなり、月にすると3000円は節約できるかもしれません。ですが、**あなたの時間と子どもと過ごす時間が減り、イライラを生み出しているとしたら、それは本当に節約になっているのでしょうか**。

私も子どもには食品添加物のない料理を、と一時期は手料理にこだわっていたときがあります。そして、そのようにこだわっていた頃ほど、余裕がありませんでした。

副業を始めてからは、それまで料理に使っていた時間を、収入を増やす方にあてるようになりました。惣菜を買ったり、外食したりすることへの抵抗がなくなり、かえってイライラすることが減りました。

食品添加物や外食に対する賛否両論はあると思います。

総菜や外食を利用するようになってから改めて、毎日自炊をしてくれていた母の凄さを実感したという側面もありました。

私が言いたいのは、**節約はあくまでファーストステップ**ということ。節約が大好きすぎて自分のキャパシティを超えてこだわり出すと、自由や豊かさは遠のいていきます。たとえ自炊じゃなくても、笑顔でご飯を食べられる時間を持てる方がよっぽどマシです。

1章でも触れた「マズローの欲求段階説」を思い出してください。土台にある「物理的欲求」は、生きていくために最低限必要なところでした。その上にある、「精神的欲求」が満たされなければ、自由に楽しく生きているとは言えないんです。

節約は、やりすぎると「精神的欲求」がすり減っていきます。

どうしても食費を削りたい人には「鍋料理」をおすすめします。私は時間がない時、よく鍋料理を作っていました。鍋料理は、最強の節約自炊料理です。なぜかというと、

①どんな野菜と肉の組み合わせでもほとんど合う
②同じ食材でも味が違うだけで別料理
③一度作ると3日くらいもつ
④洗い物が少ない
⑤家族で囲んで食べるので楽しい

欠点は夏に暑いくらいかなと思っています。
ほどほどに節約しても足りない分のお金は、次のステップでカバーしましょう。

時間がない人の「稼ぐ力」の身につけ方

次のステップとして、**収入自体を増やすこと**が必要になります。
本業以外で収入を増やすというと、思い浮かぶのは副業ではないでしょうか。
一般的な副業としては次のページの図のようなものが挙げられます。

副業の種類

副業のタイプ	特徴等	即金性	収入	スキルアップ
労働型	週末や平日夜の空いた時間に、業務委託やアルバイトで働く。	○	○	△
クラウドソーシング型	ウェブ上で案件ごとに仕事を請け負う。データ入力からエンジニアリングまで幅広い仕事がある。	×	△	○
スキル・時間販売型	ロゴ作成、恋愛相談等、個人のスキルを売買できる。スキルや実績によって報酬に差が出やすい。	×	△	○
ギグワーク型	シェアフル、Uber Eats等、1日単位で簡単に始められる仕事。	△	○	△
EC型	メルカリ、ヤフオク等のフリマサイトを使って、不要品販売や専門ストア運営をする。	◎	○	○
配信・発信型	動画コンテンツを作成し、YouTube等の動画配信サイトで発信する。リアルタイムのライブ配信もある。	×	△	○
アフィリエイト型	自分のウェブサイトやブログに企業の広告や商品ページを掲載して、クリック数に応じた成功報酬を得る。	×	△	○

お金を増やそうと考えると、つい楽をしようとして、今あるお金を投資に回せないかと考えてしまう人がいます。しかし、**投資を考えるより先に、考えるべきは収入増です**。

投資は始める際、必ず「自己責任」であることへ同意が必要になります。使ったお金どころか、場合によってはそれ以上にマイナスになる可能性があるからです。

投資をするには、**十分な資金に加えて、勉強や情報収集をするための時間も必要**です。時間もかけず、生活資金を使うような増やし方はおすすめできません。

しかし、**収入が増えて家計に余裕ができれば、余裕資金を投資に回すというやり方ができます**。そうすれば、最初のうち投資がうまくいかなかったとしても、生活への影響が少なくなります。

とはいえ、収入を増やすと言っても、それが簡単にできれば苦労はないですよね。

収入を増やすには、基本的に労働単価を上げるか、労働時間を増やすしかありません。

本業が会社員の場合、労働時間を自分でコントロールするのは難しい場合が多いでしょう。副業として「労働型」のように、本業が終わった後の平日夜や週末にアルバイトをしたり、「ギグワーク」と言って本業の隙間時間を使ったウーバーイーツのような働き方といった、時間を切り売りする労働を思いつきがちです。

しかし、このような労働は、年齢を重ねると共に労働単価が下がり、体力的にも厳しくなっていきます。そのため、**長期的に続けることが難しく、効率的ではありません。**

時間を切り売りするのではなければ、**自分の労働単価を上げるしかありません。**世の中に必要とされるスキルを身につけて、それをお金にしていけばいいのです。

今なら、動画編集やデザイン系のスキルは需要が高いでしょう。こうしたスキルを活用した副業は、「クラウドソーシング型」や「ココナラ」といったスキル販売型のサイトを活用することで行うことができます。

しかし、需要のある収入につながるスキルを身につけるには、一般的にある程度時間がかかります。

データ入力などの誰でもできるスキルは提供者が多いため単価が低く、専門的なスキルになるほど習得に時間がかかるのは分かりますよね。

スキルを学んでいる間に収入が得られないのであれば、その時間がもったいない。それならば、その時間の分だけすぐに稼げるアルバイトをした方がいいのでは、と考えてしまいがちです。

しかし、それでは労働単価は下がっていく一方で、いつまでも収入は増えず……。

このジレンマを解消するには、**今すぐお金になりつつ、将来のスキルアップにつながる副業を選ぶ**ことが、最も効率的なんです。

「稼いでいる時間でスキルが身につき、スキルを学んでいる時間でお金が稼げる」と言ったら分かりやすいかもしれません。長く続けていればその分お金は増えますし、スキルが向上していくので労働単価は高くなっていきます。

この、お金を稼ぎながら自分の労働単価を上げるスキルこそが、「**稼ぐ力**」です。

稼ぐ力を身につける具体的な方法は、あとで詳しくご説明しますね。

お金は寝かせるより働かせよう

さて、最後のステップが「**投資**」です。

投資というと、「銀行預金と違い元本保証がないので怖い」、「資金として大金が必要になると手が出ない」などと、ネガティブな先入観を持つ人も少なくありません。

私も自分で失敗した経験もありますし、ビジネスを始めてから投資で成功している方や金融関係の仕事をしている方と話す機会も増えたので分かったのですが、投資を収入源とするには最低限余裕資金が1000万円は必要になります。でないと自分の時間を使わずに収入を増やすというメリットを十分に受けることができません。**中途半端な金額は中途半端な利益しか生み出さず、自由になることは難しいでしょう**。

しかし、一口に「投資」と言っても、上級者向けのハイリスクなものから、初心者でも少ないリスクで将来の資産形成ができるものまで、色々な選択肢があるのです。

ネット証券など一部の金融機関では、１００円から設定できるものもあります。初めから大金を準備する必要はなく、自分に合った方法を選んで始められるのが投資です。

せっかく収入を増やしたら、そのまま貯金するだけではなく、投資に回すことをおすすめします。私がそう考えるのは、理由があります。

今、日本の銀行預金は超低金利で、銀行にお金を預けても、利息がほとんど増えません。三菱ＵＦＪ銀行の例では、普通預金の金利は０・００１％（２０２1年6月現在）。つまり、１００万円預けても20年間で２０００円増えるかどうかというくらいです。実際には、その利息から所得税、住民税、復興特別所得税などが引かれるため、もっと低くなります。

一方、投資信託では、年利が３％くらいあります。１００万円を単利で20年間預ければ、利益だけで約80万円は稼げます。

貯金だけでは老後の資金に足りなくても、投資に回せばさらにお金を増やせます。複数の投資商品を組み合わせてリスクを減らし、お金に働いてもらうのが賢い選択ではないでしょうか。

将来年金が減ってしまうことに備えて、個人の老後資金作りを応援するために国が作った積立投資制度「iDeCo」「つみたてＮＩＳＡ」が注目されています。

これらは、運用で得た利益に税金がかからないなど、お得な非課税の仕組みが魅力です。「iDeCo」は60歳まで引き出せないというデメリットもありますが、掛け金に応じて所得にかかる税金が少なくなります。

何より「iDeCo」「つみたてＮＩＳＡ」のメリットは、一度設定すればほったらかしにしても、自動的にお金が貯まっていくこと。最低投資金額１００円からと、初心者にも始めやすいので最初に取り組む投資としておすすめです。

ＦＸや株式購入の場合は、チャートの動きや日経平均の変動、経済社会情勢に常に気をつけなければなりません。一方で、「iDeCo」「つみたてＮＩＳＡ」のような積立投資では、価格変動に注意して短期的に入金するよりも、**長く一定の金額を投資し続けること**に意味があります。

個人的には、長期投資を前提にしつつも、何かあったときにいつでも売却可能な「つみたてＮＩＳＡ」から始めて、非課税の積立上限額である年間40万円（月約３万円）の設定までできたら、「iDeCo」でも投資していくことをおすすめします。

あくまで余裕資金で行うことが前提ですが、怖がるばかりではチャンスも掴めません。自由になるためのお金を確保したければ、いつでもチャンスも掴めるように、少額でも運用して、経済情報を見ておくと良いと思います。

投資を頭から否定してしまうと、このような情報も入ってこなくなってしまいます。お金の知識をつけるためにも、収入が増えて余裕が出てきたら、実際に少しは投資を試してみるべきでしょう。

ただし、しつこいようですが、家計に余裕がないうちに始めてしまってはいけません。

投資を考えるのは収入を増やしてから。この順番が大切なんです。

初心者におすすめできないお金の増やし方

収入を増やすために、最初に何から取り組むかはとても重要です。いくら気軽に始められそうでも、おすすめできない方法もあります。

今の形に落ち着くまで、私も色々な失敗をしてきました。ここでは、私の失敗談をお話しします。読者の皆さんにも、かつての私を反面教師にして、お気をつけいただければと思います。

アフィリエイト

私が副業に興味を持って、最初に取り組んだのは**ブログのアフィリエイト**でした。

ブログのアフィリエイトは、ブログに商品を紹介する記事を書き、記事を読んだ人がクリックして商品を買ってくれたら手数料をもらえる、いわば「成果報酬型」のビジネスです。

これもスマホやパソコンさえあれば0円で始められて、どこでもできます。

続けていれば、ライティング力やサイト運営の知識、ウェブデザインなどのスキルを得られるので、将来の収入アップにつながるかもしれません。

そして、一度書いた記事はずっと残るので、その後はアクセスが集まれば自動で収入になります。いわば、**自分が書いた文章が「勝手にお金を稼いでくれる」状態になる**のです。

私も、数カ月後の自動収入を夢見て、仕事が終わってからの時間を全投入してブログ記事を書きました。しかし、6カ月頑張ったものの、アクセスは1日数件……。なかなか成果が出ないまま、アクセスカウンターを見るのが辛くなり、結局やめてしまいました。

それまでに記事を書いた労力は、1円にもなっていません。

後からよくよく考えれば、ブログで収入を得ているのは、芸能人や有名人がほとんどです。そうでなくても、早くからブログを始めてコツコツ継続していた意志の強い方や、外見が魅力的な人、文章が上手くて魅力的な記事を書ける人……。至って普通の自分が遅れて始めても、成功するには膨大な時間と労力がかかります。長くやっても当たらない確率の方が高いかもしれません。

顔出しがいらない、自分のペースでできる、初期費用が安いといったメリットもありますが、検索エンジンの仕組みや売上につながる記事の書き方の知識など、始める時点で身につけておかないといけないスキルもたくさんありました。つまり、**誰にでもできるもの**

ではなかったんです。

実は、ブログアフィリエイトは、まともに稼げるようになる前にほとんどの人が辞めてしまっているのだと、後から知りました。

FX・仮想通貨投資

その次に私が手を出したのは、**FX**です。

FXは、日本語で「外国為替証拠金取引」と呼ばれます。市場における取引での売買差益を狙った投資なので、誰かが利益をあげれば、もう一方の誰かは損するという仕組みになっています。そのため、**手数料が発生する分、マイナスになる可能性の方が圧倒的に高い方法**なんです。

低コストで始められるとはいえ、元本や利益は保証されていませんから、「おひとりさま」生活を可能にする月30万円の収入を可能にするためには、生活資金以外の余裕資金、元手資金として1000万円は必要になるといえるでしょう。

これだけを聞くと、ＦＸを始めようだなんて思わないかもしれません。
しかし、ＦＸでは「レバレッジ」という、元手資金を最大25倍に増幅できる方法があります。例えば、20倍のレバレッジを使うことで、20万円の担保で４００万円分の取引が可能になります。実は、私もこの仕組みを知って、手持ち資金以上の取引をしてしまいました。ただし、手元にない大きな金額を動かせるということは、当然ハイリスク・ハイリターン。結果、２００万円ものお金を失ってしまいました。

私がハイリスクなＦＸに手を出してしまったのは、当時の職場の先輩がＦＸをやっていたからでした。身近な人がその方法で稼いでいるという安心感から、あまり知識がないまま始めてしまったんです。
一時は金額が増えて喜んでいたときもあったのですが、２００８年、世界規模の金融危機である「リーマンショック」が発生。この時に、せっかく増えていたお金が一気になくなってしまったのです。

同じようにハイリスクな金融商品での失敗として、先にも書いたように、仮想通貨でも痛い目を見ています。

「100万円を仮想通貨で増やして、毎月8万円引き出せる」と言われ、「毎月8万円なら、13カ月でプラスになる」と思って現金を預けてしまったのです。信用している人からの紹介だったので気が緩み、見事に騙されたというわけです。

どれもこれも、**自分の知識不足が失敗の原因でした**。

「自分は絶対に騙されない」と思っていても、よく知らないことについて判断するのは難しいものです。ハイリスク・ハイリターンの話には、相当注意しても注意しすぎることはないでしょう。

あなたにピッタリの方法を選ぼう

今の日本の義務教育では、お金を稼ぐ力を育てる内容は学習指導要領に含まれていません[※9]。そのため親が経営者だったり、貧困家庭で若いうちから働く必要があったりといった、特別な家庭環境でもなければ、なかなか稼ぐ力を身につけようという発想にもなりません。

※9 2022年からやっと、高校の家庭科に金融教育が導入される予定です。

その結果、いざお金が欲しいと思って稼ごうとすると、私がやってしまったような手痛い失敗をすることもあるのではないでしょうか。

特に、お金に困っている状況では、それにつけ込んでくる一見おいしい話も多くなります。しかし、**困窮している時ほど、おいしい話には注意が必要です**。特に現金を手渡しするのは絶対止めましょう。

とはいえ、これらはあくまで私の失敗談。

すでに十分な知識を持っていたり、時間やお金に余裕があったりするなら、私が失敗してきた方法で成功できる可能性も否定できません。

例えば、ブログのアフィリエイトは低資金で始められるので、お金はなくても使える時間があるという学生などには、向いている部分があるのかもしれません。

つまり、**自分に合ったものをしっかり見極める必要がある**ということです。

他の人がやっているからとそのまま受け入れるのではなく、何事においても「自分の人生において必要なことか」というフィルターを通して判断しましょう。

求人サイトに登録するより、身近なところに目を向けよう

それでは、収入を増やすためには何から始めたらいいのでしょうか？

先ほど、スキルアップしながら稼げる副業がおすすめだとお伝えしましたが、これは何もおおげさな話ではありません。

まずは、**今ある隙間時間を有効活用**してはいかがでしょうか？

あなたは今、時間が空いたら何を触りますか？　スマートフォンですよね。

常に携帯しているので、ほんの短い時間でもサッと使えますし、分からないことはすぐに調べられます。スキルを磨くための情報を得るには、まさに最強のツールです。

ゲームやSNS、動画の視聴などの暇つぶしにスマホを使っている人も多いと思いますが、収入を増やす第一歩にもスマホアプリが使えるんです。

収入を増やすというと、新しく仕事を増やすという考えになりがちですが、新しく副業をするのは案外ハードルが高いもの。**自分の身近にあるものや、興味や関心に近いことから始めれば、負担が少なくなります**。

最近は、テレビでもスマホアプリのCMがよく流れていますが、その中でも「メルカリ」や「ラクマ」というフリマアプリを見たことはありませんか？

「断捨離」や「ミニマリスト」のような言葉が流行して、整理整頓がプチブームになっているのもあり、「どうせ捨てるくらいなら」と不要品を出品してみた経験がある方も多いのではないでしょうか。

こうしたフリマアプリを使えば、気軽に収入をプラスできるわけです。

フリマアプリの中でも、私がおすすめしたいのは「**メルカリ**」です。

メルカリは他のフリマアプリと比べて圧倒的に利用者が多く、フリマアプリ利用者の88・8％がメルカリを使っています。[※11] さらに、月間アクティブ・ユーザー数は約1900万人と、[※12] 他のフリマアプリに比べてもダントツ。こんなに大勢の人が見ている場所で、個

※11 NTTコム リサーチ「フリマやシェアリング等のコンシューマーアプリの利用実態調査」

※12 株式会社メルカリ 2021年6月期 第3四半期決算説明会資料より

人と個人が商品を売り買いすることができ、たいていのものは出品できるのです。

また、中古品の売買には消費税がかかりません。そのため、気軽に取り組みやすいのもメルカリのようなフリマアプリの人気の理由かもしれません。

メルカリでは、**普通はゴミになりそうなものでも、出品してみると意外と売れます**。女性におすすめなのは、使いかけの化粧品やサンプル。特に化粧品サンプルは、ドラッグストアで無料配布していたり、買った商品についてきたりするので、元手0円で利益が得られます。

他にも、牛乳パックや流木、松ぼっくりなど、意外な物が意外な値段で売れます。自分にとってはゴミにしか見えない物でも、欲しい人からすれば価値があるんです。

自宅に眠っている不要品を全部メルカリで売れば、単身世帯でも約28万円もの価値がある[※13]そうです。

このような**物の価値についての視点**は、メルカリを使ったからこそ手に入る経験値です。「どんな商品がいくらで売れるのか」が分かるようになると、それをリサイクルショップ

※13
メルカリびより「あなたのお家の「かくれ資産」を試算できる診断サイト「みんなのかくれ資産」で大掃除のやる気アップしよう♪」株式会社メルカリ，2018年11月26日公開

意外とよく売れる不要品の例

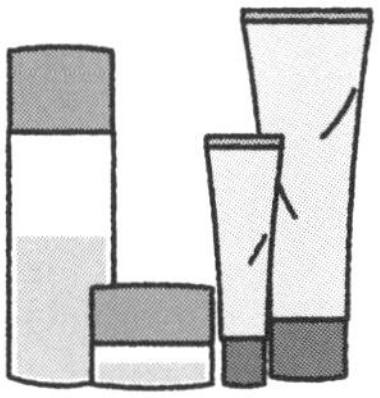
使いかけの化粧品・試供品

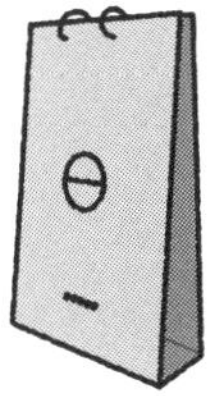
ハイブランドのショッパー

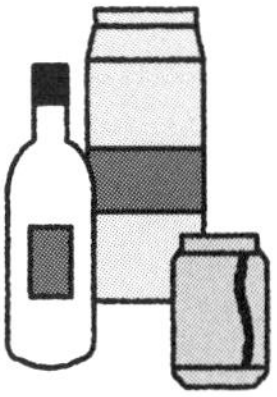
空き缶・空き瓶・牛乳パック

リモコン

履き潰した靴

古いiPhone

ランドセル

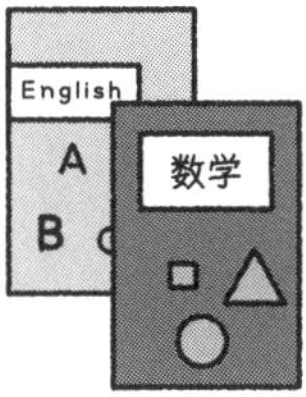

参考書

雑誌の付録

などで安く仕入れて、仕入れ価格よりも高く販売する**「せどり」「物販」**などと言われる方法で稼いでいる人もいます。

メルカリが良いと言った理由が他にもあります。

メルカリを使った物販は、手元にある商品を第三者に売ってお金を得るビジネスモデルです。どうしてこれが広く浸透したかというと、**「商品を安く仕入れて、それを仕入れた価格より高く売るだけ」という、非常にシンプルで基本的なビジネスモデル**だからです。

メルカリなら、スマホにアプリをダウンロードするのも無料なので、誰でもすぐに始められます。

初心者であっても、評価数や商品数で不利になることがなく、長くやってきた人とあまり差がつかないのも良いところ。

そして、始める前から特別なスキルを身につけておく必要もありません。必要なことと言えば、スマホで写真を撮れる、スマホで文章が入れられる、文字を読める……本当にそれくらいですね。

シンプルなビジネスモデルだからこそ、**最初は何のスキルもなくても、続けていくうち**

に基本的なビジネススキルが身についていくのがメルカリ物販なんです。

お金に困っている人ほど、「収入を増やす＝労働を増やす」と考えて、仕事が終わってからの時間にアルバイトなどを入れてしまう人もいると思います。

ですが、メルカリを使うのでしたら、そんなふうに決まった時間を拘束されることもありません。

通勤時間や昼休み時間、子どもがお昼寝している間のひととき、家に帰って寝るまでのリラックスタイム。そうしたちょっとした空き時間をメルカリにあてたら、もっと気楽に稼げます。

ゲームをしたり動画を見たりと、ただ消費していたような時間をお金に変えられて、スキルも身につけられる。つまり、生産性がある有意義な時間に変えられるということです。隙間時間を活用できるのは、ネット社会、スマホ社会になったからこその特権でしょう。もっと稼ぎたい人は、家にある不要品を売るだけでなく、仕入れを行ってさらに収入を上げることだって可能です。

スマホを使った収入の増やし方としては、フリマアプリの他にもあります。

例えば、**ペットの様子や自分の趣味を動画投稿サイトに投稿して、広告収入を得る方法**。視聴単価やカテゴリーによっても収入が変わると言われていますが、登録者約2万人の私のYouTubeチャンネルでは、月々約7万円程度の広告収入が入っています。

その他、アンケートサイトに登録して、アンケートに回答したり、「自己アフィリエイト」と呼ばれる、クレジットカードの作成や口座を作るだけでお金がもらえたりする方法もあります。


あなたが収入を増やしたいと考えたなら、一番に目を向けるべきは転職サイトや求人情報ではありません。

まずは手元にあるスマホや、家の中の不要品など、**身近なところを見てみてください**。

きっとそこになんらかのヒントがあるはずです。

初心者でも稼ぎ続けられる3つの理由

現在、私は主にメルカリを使った物販ビジネスを教えるオンラインスクールを主宰しており、会社員や主婦の方から毎月700件近くのご相談を受けています。

その中には、「初心者ですが大丈夫ですか」「本当に稼げますか」と言ったご相談を受けることがあるのですが、全く問題ありません。

メルカリで不要品を販売したこともなく、アプリをダウンロードするところから始めても、月30万以上を稼いでいる方もいらっしゃいます。

全くやったことがない初心者でも問題ない理由は3つあります。

1つ目は、難易度が低いということです。

節約というと今あるものを削るため抵抗がない方が多いですが、収入を増やす、投資をするとなると一気にハードルが高く感じる方が多くなります。まずはスキルや知識を身につけてから、と考えて踏み出す一歩が遅くなることがよくあります。

しかし、自分でスキルや知識を得ようとインターネット検索で調べても、その情報は真偽が分からない上に、出回っている時点で古い情報になっていることがほとんどです。

ビジネスについて知るのに一番良い方法は、現在進行形で取り組んでいる人の生の声を、セミナーや電話などで直接聞いてみることです。

今は幸いにも「Zoom」「Microsoft Teams」などを活用して、地方に住んでいてもオンラインでコミュニケーションがとれるようになりました。もしスタート前にスキルや知識を得たいなら、ぜひ生の声を聞いてみてください。

一方で、**メルカリで稼ぐためのスキルは、実際に始めてしまえば自然と身につく**ものでもあります。

不要品を売るくらいの段階では、あまりスキルアップを実感することはないと思います。

しかし、仕入れをするようになってくると、何をどのくらい仕入れるか選んだり、何時に出品するかを見計らったりするようになります。これが、スキルを磨く経験になります。

また、仕入れをすると出費が発生するので、「使った以上に売らないと」と誰しもが思います。だからこそ、どうやったら売れるかと考えるようになるんです。

不要品は気軽に売りやすい半面、元々0円なので価格のつけ方などが適当になりがちです。しかし、仕入れをすると危機感が生まれるので、適正価格や販売方法のリサーチができるようになっていきます。お金への意識も高くなり、市場への興味も高まります。

今、世の中でどのような物が売れているのかを自分で調べるようになってくると、いわゆる**市場を見る目**がついてくるんです。

普通にスーパーに買い物に行くときにも、「どんな商品をどうやって売っているのか」を考えるようになっていきます。数をこなしていく中で、ビジネス力、稼ぐ力が勝手に上がっていくんですね。

だからこそ、メルカリは実際に使っていく中で、スキルや知識を身につけていくのが一番だと思います。始める時点で何もなくても、しり込みする必要はないんです。

家にある不要品から出品する分にはお金もかかりませんから、まずは気軽に始めてみてはいかがでしょうか。

初心者でもできる理由の2つ目は、隙間時間を有効活用できるからです。

「忙しくて副業なんて始められない」という声もよく聞きますが、いくら本業が忙しい人でも、探せば絶対に隙間時間があると私は思います。通勤や家事、仕事の合間に、少しスマホを見る程の休憩時間も全くないという方は、今の日本の労働基準法のもとではいないはずです。

よくありがちなのは、TVやゲーム、家事をする時間を無駄にしていることです。私は、かつて本業と家事に追われて時間がない中で、時短家電を活用しまくって時間を作り出しました。

それでもどうしても難しければ、人の力を借りれば良いのです。つまり、お金を出して家事を人に頼むということです。そんなのお金持ちのすること、と思うかもしれませんが（私だけ?:）、時間∨お金と考えると意外にコスパが良いものです。

メルカリの作業にかける時間も、商品を発送するときは集荷に来てもらったり、駅やコンビニに設置されている宅配業者の「ステーション」を利用したり、色々と工夫ができます。

メルカリの利用人口が多くなり、使えるインフラが整ってきているんです。それを使わない手はありませんよね。

最後の3つ目は、楽しいことです。

うまく続けて売れれば、「売れた」→「うれしい」→「また売ろう」と思える好循環が生まれます。こうして**楽しく続けられるのも、メルカリの良いところ**です。

人間は「楽しい」と感じているとき、脳の中で快楽物質である「ドーパミン」が出ています。その快楽をもう一度味わおうとして継続につながります。

メルカリで商品が売れると、アプリの中ですぐ入金が確認できるので、早く成果を実感できるのも、続けやすい理由かも知れません。

こっそり収入を増やしたいあなたへ

収入を増やしたい、お金が欲しいという気持ちは、日本ではまだなぜか卑しい、悪いこと、という認識があります。

かつての私もそう思われるのが嫌で、職場の人にも副業の話はできませんでしたし、当時離婚を考えていた夫にも、当然話題に出せませんでした。

毎月受ける相談の中にも約20％は奥様や旦那様、会社に内緒で行いたいけどいい方法はないか、というご相談があります。

実際は、内緒で始めて収入を上げてから身内に打ち明ける方も多く、どうすればバレずに行うことができるかはやり方次第。

だからこそ、スマホアプリを使ったビジネスがおすすめなんです。

空いた時間にスマホを触っていても、他の人から違和感を持たれることはありません。そもそも、雇用されて給料をもらうことが普通だと考えている人達には、「スマホを使って収入になる」なんていう発想すらないんです。

そのため、内緒で収入を増やしたいと思ったら、まずは**インターネット環境を整えてください**。スマホやパソコンを使えば、リアルでは周りの目があって稼げないような人でも、稼ぐ手段を広げることができます。

特にパソコンがあれば、スマホよりも作業効率をグンとアップすることができます。スマホもパソコンと同じくらいの性能になりつつあると言われてはいますが、パソコンを使うことでフリーソフトやツール、拡張機能など使える機能が増えます。自宅ではパソコンをメインに、外出先や隙間時間はスマホを活用、と状況に応じて使い分けるのがおすすめです。

「副業は怖い」「ネットビジネスは怪しい」「本業以外で稼ぐなんて卑しい」……。そんな昔ながらの印象にがんじがらめになって、反対してくる人もいるかもしれません。

しかし、そんな人を相手に真正面から戦っても、その時間は何も生み出しません。
効率良く、コスパ良く人生を謳歌するために、**インターネットを武器にしましょう**。

メルカリで不要品を販売する段階では、非課税なので確定申告の必要もありません。仕入れを始めて、年間の所得が20万円を超えるほど稼ぐようになってくると申告が必要になりますが、それを理由に躊躇することはありません。

住民税の通知が職場に届いて、副業がバレることを心配する人もいるかもしれませんが、副業収入、雑収入に関する税金の納付書は、自宅に届くようにする方法もあります。送付先の切り替えは、お住いの地域の所轄税務署で簡単にできるはずなので、気になる方はお問い合わせしてみてください。

家族に副業をバレたくないという方にとっては、スマホを見る時間が増えることが気になるでしょうか。確かに、家でずっとスマホを触っていると怪しまれるかもしれません。
私もかつて、家で夫にバレないようにメルカリをやっていました。スマホとパソコンで時間を分散したり、作業を効率化したりして、長時間スマホを見続けていることがないようにしていました。

また、夫が寝ている間や外出している間に作業をして、これまでの生活を変えず、うまくやっていたところもあります。

さらに、仕入れた商品が家に届くことも、家族にバレたくない人にとっては大きなリスクだと思います。

可能であれば、別の場所に住んでいる兄弟や信頼できる友達に声をかけて、そちらの家に商品は置かせてもらうと良いでしょう。倉庫を借りたり、スクールの生徒さん同士で協力している方もいます。そのような**協力者を得たり、グループを作ったりして、メルカリをやっていく**のがおすすめです。

一緒にメルカリをやる仲間や協力者がいれば、他の作業もやりやすくなるはずです。

そして、**自分でグループを作るのではなく、すでに同じ目的を持つ人が集まったグループに自分から入ってしまう**方がより簡単で効率的です。

周りの人にバレにくくなるというメリットはもちろん、続けていく中で挫けそうになっても、お互いに励まし合っていけるからです。

あなたよりちょっと先を行っていて、あなたが目指している目標に近い人や、うまくいっている人がたくさんいる環境に入れば、モチベーションを維持しやすいでしょう。あなたと共通点のある人のグループを探すのも良いですね。

私は、お金を稼いでいくうえでも、**人と人のつながりによる影響はとても重要なこと**だと思っています。グループについては4章でも詳しくご説明しますので、ここでは少し、心に留めておいてくれるとうれしいです。

自由な「おひとりさま」ライフへの近道

この章の初めに、「ひとりで自由な生活をするためには、最低でも30万円」という話をしました。とはいえ、会社員や専業主婦が隙間時間にスマホでメルカリをして、いきなり30万円稼げるかというと、あまり現実的ではありません。

隙間時間を合わせて1日3時間できると仮定しても、3時間で1万円の売上を30日間続けなければいけない計算になります。扱う商品や個数によっては不可能ではないのですが、初心者にとってはかなり難しいと思います。

それでは、その1／3の**10万円ならどうでしょうか**。

10万円稼ぐためには、毎日の隙間時間で3333円の売上を続ければいい計算になります。これならば、達成する可能性はとても高まります。

実は、私のところに副業の相談に来る方達も、最初は「毎月3万円ぐらい稼げればいい」とおっしゃる方がほとんど。しかし、実際に始めてみると、思っていたより上を目指せると分かってきて、まずは10万円を目標にするようになるのです。そして、多くの方がこの目標を達成されています。

最初に不要品販売から始めて1〜3万円を稼ぐぐらいのことまでできれば、その後の基本的なスキルは変わりません。基本的なスキルと売るものさえあれば、**10万円まで稼ぐことは意外と難しくない**んです。メルカリを始めた月のうちに、10万円を稼いでしまう方も少なくありません。

重要なのは、段階を経てスキルを身につけて、少しずつ目標を高くしていくことです。

マイナビ転職が2020年に行った「副業に関する意識調査」[※14]によると、副業で得たい希望収入の平均は13万2546円。しかし、実際に得ている副業収入の平均は5万9782円しかなく、希望の金額の半分にも達していないのだそうです。

会社員のおこづかいの平均は、男女共に約3万円程度[※15]と言われています。つまり、おこづかい感覚で副業をするなら十分なんですね。

しかしこれでは、ひとりで生きていくための最低限の金額30万円どころか、10万円も稼ぐことはできません。まずは、「月々3万円の副収入」というような感覚から、抜け出さなければいけないでしょう。

もし本気で30万円を目指すなら、**まずは副業の目標収入の平均値に近い、10万円を最初の目標にしてみてはいかがでしょうか**。私自身の経験や、教えている生徒さんの成果から考えても、メルカリで10万円を達成するのは決して無理な目標ではないと言えます。

さらに、最初に10万円稼げるようになるまでに、売るためのノウハウ、リサーチ力、お金の知識など、様々なビジネススキルが自然に身についていきます。

※14 マイナビ転職「副業に関する意識調査」

※15 新生銀行「2020年サラリーマンのお小遣い調査」

そのため、最初の目標を達成する頃には、次のステップとして30万円を目指すことも、自然に思えるようになっていくのです。

これは、たとえるならマラソンの練習と同じようなものです。

私は10年前にほとんど運動をしていない状態から、1年でフルマラソンを完走できるようになりました。そのときに立てた練習プランがこちらです。

元々はほとんど走れないところから、まずは30分歩くことから始めて、次は1時間歩く、その次は10分走ってみる……と、簡単にできることから徐々にレベルを上げて、身体を慣らしていきます。これを計画的に続けることで、最終的にフルマラソンを完走できるようになるというわけです。

これまで全く走ってこなかった人が、いきなり42・195kmなんて、とてもじゃないけど走れませんよね。たとえ奇跡的に走れたとしても、その後しばらく、身体が使いものにならなくなると思います。(練習していても、フルマラソンの後は全身筋肉痛になります(笑)。)

何事も継続するためには、ひとつずつ段階を踏むことが大切なんです。

メルカリでも、いきなり30万円を目指そうとすると、壁が高すぎて諦めてしまったり、頑張りすぎて疲れてしまったりする可能性が高いです。そうなると、おひとりさま暮らしを支える収入を稼ぎ続けることはできません。

そのため、**最初は10万円を目指して、次のステップとして30万円を目指すような目標を立てる**ことが必要なのです。例えば、最初の3カ月で10万円、次の3カ月で30万円などと、自分に合った期間の目標を考えてみてください。

私の講師経験から言えば、たとえゼロから始めても、早い人では3カ月で30万円を達成する方もいらっしゃいます。「最初はおこづかいくらいで……」などと謙虚に考えすぎず、自由な「おひとりさま」生活につながる目標をしっかり立てておきましょう。

2章のまとめ

- ひとりで自由な人生を送るためには、最低でも手取り月収30万円は必要。
- お金を増やすには、①節約する→②収入を増やす→③投資をする、という順番が大事。
- 知識やスキルが必要な方法ではなく、自分に合った副業を選ぼう。
- 身近なフリマアプリで不要品を販売すれば、気軽に収入を増やし始められる。
- 稼ぐために必要なスキルは、実際にお金を稼ぎながら自然に身につけられる。
- 10万円→30万円の2ステップの目標金額を設定しよう。

COLUMN

50代シングルマザーの場合

「おひとりさま」老後の不安はメルカリで解消

長野県にお住まいの53歳、元は病院内のコンビニでアルバイトをされていたEさんをご紹介します。彼女は、3人の息子さんがいるシングルマザー。そのうち2人は現在は独立していて、まだ学生の息子さん1人と一緒に、2人で暮らしています。

長くアルバイトをしていたEさんですが、「頑張ったら社員登用」と言われていたのにいつまで経っても話がなく、転職先を探そうか悩んでいました。その頃、偶然メルカリを使った収入の増やし方を紹介している動画を見て、「これだったら自分もできるかも」と考えて、物販スクールに参加しました。

元々、体力的に外に働きに出るのがきつい、会社に縛られるのが嫌という気持ちもあったEさん。**メルカリなら家で好きな時間にできる**ことが、続けていくうえで大きかったようです。まさに、「自分で自分の人生をコントロールできる」ようになるために、ちょうどいい働き方をしたかったということですね。

Eさんは、副業としてメルカリを始める以前にも、家にある不要品を時々売ったことがあったそうです。ただ、趣味の範囲でスマホアプリを使っていただけなので、パソコンのスキルなどは全くありませんでした。

そんなEさんですが、**まずは月10万円という目標を立てて、見事3カ月で達成**しました。趣味の範囲でやっていたときと変わったことは、アマゾンなどで安価に商品を仕入れるようになったこと。そして、パソコンを使うようになったことです。

買いもの好きなEさんは、仕入れをするにも、いつものお買いもの感覚で「これも欲しい！　あれも欲しい！」と、とても楽しく取り組んでいました。

もちろん、パソコンを操作してメルカリへ出品するのは初めてだったので、慣れるまでは時間がかかり大変だった部分もあったとか。それでも、一度覚えてしまえば同じことの繰り返しなので、慣れれば簡単だったそうです。

その後、目標を少しずつ上げていき、スクールの期間中に最高で**月25万円の収入を達成**しました。

現在は、1日2～3時間の作業を続けて、月20万円の安定的な収入を継続しながら、物販スクールの生徒さんのサポートにも活動を広げていらっしゃいます。

Eさんは、物販スクールの仲間達を自分の子どものように思って気をかけてくれる、まるでお母さんみたいな存在なんです。スクールの生徒同士の横のつながりが、彼女にとっての生きがいにもなっていて、とても楽しんで続けておられます。

Eさんは、50代で転職を考えていたときにメルカリ物販を始められました。

一般的に、転職して給料が上がるのは30代までと言われています。40代、50代になってからの転職で給料が上がるのは、かなり稀な職種や、特殊なスキルがある方に限られてしまいますよね。

それを考慮しても、**定年がなく、長期にわたって収入源になる方法**を身につけることは重要だと思います。Eさんのように自分で稼げる力を身につけていれば、お子さんが全員独立したあとも、長く働いていけるのではないかと思います。

3章

手堅く 10万円！
自分で稼ぐ力を身につける

もし10万円が手に入ったら……あなたは何に使いますか？

2章では自由な「おひとりさま」生活を送るためにどのような段階を経ていけばいいかをお話ししました。

自由な「おひとりさま」生活には、最低30万円は毎月必要です。

30万円を目指すためには、まずは身近なスマホアプリを使った不要品販売から始めて月数万円、慣れてきたら月10万円と少しずつ階段を登っていきます。

こういった小さい成功体験の積み重ねは、著名な心理学者のバンデューラが「自己効力感」を高めるためにも必要であると言っています。

何かをやり遂げること、継続するために自分に自信を持つことを「自己効力感」と言いますが、子どもだけじゃなく大人にだって必要なんです。

メルカリの不要品販売は商品や価格を工夫すればすぐ売れるので、**楽しく成功体験が積める**んですよ。そうやって不要品販売に慣れたら、次は10万円を目指していきましょう。

現在の生活に10万円の収入をプラスできれば、それだけでもいくらか余裕が生まれそうです。実際に10万円があったら、どんなことができるようになるでしょうか。

2020年、新型コロナウイルス感染症の経済対策として、全国民に給付金10万円が支給されたことは記憶に新しいと思います。この10万円の使い道についての調査結果[※15]によると、次のようなランキングになっています。

1位　生活費の補填（53・7％）
2位　貯蓄（26・1％）
3位　国内旅行（10・1％）

コロナ禍という特殊な状況でのデータではありますが、このランキングは10万円の価値

※15 ニッセイ基礎研究所「特別定額給付金10万円の使い道」

について考えるには大変参考になります。

元の収入が少なく毎日の生活が厳しければ、まずは生活費にあてるのが一番でしょう。将来に不安があるなら、貯金に回すという選択もうなずけます。

一方で、国内旅行のように、何か消費して世の中の経済を回すのも、給付金の目的に合っています。給付金は非課税で、本来得られるお金ではなかったもの。普段できないことに使ったという人もいるかもしれません。

私は、収入を増やしたいというご相談を頂いたときは、目標金額と同時に、**「そのお金があったら何がしたいですか？」**と聞くようにしています。

実は、「10万円あったら何に使いますか？」と尋ねても、初めから明確に答えられる人はあまりいません。なんとなく「10万円があれば、もっと暮らしが楽になりそうだな」「10万円があれば、色々できるようになりそうだな」と思っている人が多いのです。

実際には、**10万円稼げるようになっても、毎日の生活が劇的に豊かになることはありません**。頑張った自分へのご褒美や、ちょっとしたゆとりが得られるくらいの感覚のように思います。

もちろん、毎月定期的に10万円稼げるようになったら、一部は貯金、一部は積み立て投資のような使い方がしやすくなります。まさに2章でお話しした、「①節約→②収入を増やす→③投資」という流れです。投資したいので副業を考えている、というご相談も多いです。

お金の使い方は先に決めておくのが吉

ノーベル経済学賞を受賞して注目されている行動経済学に、「メンタルアカウンティング」と呼ばれる考え方があります。「心の会計」や「心の家計簿」とも呼ばれ、人がお金に関して意思決定をする際には、様々なことを考えて合理的に判断するのではなく、狭い枠組の中で判断してしまうということを指摘したものです。

人は心の中にいくつかの会計勘定（アカウンティング）を持っていて、「ふってわいたような臨時収入は散財してもかまわない」「お給料は大切に使う」というように、お金の入手方法に応じて、お金を仕分けする心理的な傾向があるそうです。

つまり、**どうやってそのお金を得たかによって、そのお金に対する価値の感覚は変わってしまう**ということです。そのため、あらかじめ「副業で稼いだお金を何に使うか」は決めておいたほうが得策なのです。

使い道をあらかじめ決めておけば、無駄遣いしてしまうこともありませんし、稼ぐことへのモチベーションにもつながります。

副業で月10万円を稼げるようになって、介護職のパートを辞めたという女性から話を聞いたことがあります。彼女は、体力的に苦しくなってきていたパートの仕事を辞めたいという目標を決めて、見事にそれを達成したのです。

元々旦那さんの扶養内で働いていて、パートの手取りは約8万円でした。パートを辞めるためには、この8万円を超える収入を得られるようになる必要があります。

扶養内控除の条件は主たる生計者の収入にもよりますが、年収103万円を超えると所得税が発生し、年収130万円以上になると社会保険に加入が必要になり扶養から外れる、というのが基本です。所得税の金額はそこまで大きなものではありませんが、社会保険料が課せられるようになると、手取り収入がかなり減ってしまいます。

そこで彼女は、まずは扶養内に収まる月収10万円を目標に掲げました。その10万円は、それまでパートで補ってきた生活費にあてて、残りの2万円は貯金に回そうと決めておきました。

今では、旦那さんの扶養を外れて経済的に自立するために、これまで以上の収入を目指して自宅で仕事を続けていらっしゃいます。

10万円を稼いだら、あなたなら何に使いますか?

例えば、10万円があったら、こんなことができちゃいます。

・LCCを使って東南アジア旅行に行く。
・家族でディズニーランドに行く。
・資産運用に使う。
・五つ星クラスのホテルのスイートルームに泊まる。
・ドレスアップして、ちょっと高級なご飯を食べに行く。

自分のモチベーションが上がるような10万円の使い道を、ぜひ考えてみましょう！

10万円達成は、手段の選び方が9割

副業で月収10万円を稼ぐには、どの仕事を選ぶかということが非常に重要です。

例えば、本業の他にアルバイトをしようと考えたとして、最低賃金はいくらかご存知でしょうか。住む場所や業務にもよりますが、全国平均で時給902円[※16]とされています（2020年時点）。

時給902円で月収10万円を得るためには、週5日勤務でも1日5時間働かなければならない計算になります。本業が18時に終わるとして、そこから5時間、23時まで働くというのは、簡単なことではありませんよね。特に年齢を重ねると、体力的にも長く続けていくのは難しいのではないでしょうか。

つまり、副業で稼ぐには、**普通のアルバイトよりも効率が良い方法を選ばなければいけ**

※16 厚生労働省「令和2年度地域別最低賃金改定状況」

ないということです。

私の生徒さん達は、約5割もの方が、取り組み始めて1カ月目で月々の利益が10万円を超えています。

そして、3カ月以内では、目標設定をして行動しているほ**ぼ100%の方が月10万円に届きます**。経験を積み重ねながら、3万円、5万円と右肩上がりに利益を上げて、最終的に3カ月目には10万円を稼げるようになっているのです。

こんなふうに、メルカリで10万円を稼ぐのは、実は難しくはありません。単純に計算すると、30日間、毎日メルカリで販売するとしたら、1日3333円の利益が出る商品を売ればいいだけだからです。

毎日3000円以上の利益を出すのは難しそうだと思いますか?

物販は、「安く仕入れて高く売る」というビジネスモデルです。そのため、安い仕入先さえ分かっていれば、時給のアルバイトのように長時間働かなくても、誰でも早い段階で稼ぐことができます。

つまり、メルカリを使ったオンライン物販は、アルバイトより少ない労働時間で多くのお金が稼げる、効率の良い方法だということです。

体力や能力、これまでの経験による差がほとんど出ないことも、物販の良さです。

元々持っている素養よりも、実際にかけた時間が結果に結びつきます。とはいえ、本業がとても忙しく時間をかけられない方でも、隙間時間をうまく使えば10万円を達成するには不足はありません。それほど簡単で効率的な方法なんです。

しかし、やはり年齢によるハンデはあります。60代以上で始める方の多くは、新しいスキルを身につけることが難しく、3カ月で10万円まで到達するのは大変なのが現実です。

しかし、20~50代ではあまり年齢差が出ることはありません。若いうちから始めるほうが早く結果が出やすい側面はありますが、50代になって始めても遅すぎるということはないのです。

手段を間違えると10万円は難しい

前章でも書いたように、私は看護師をしながらブログアフィリエイトやＦＸ、仮想通貨といった、様々な収入の増やし方にチャレンジしてきました。しかし、**月10万円を稼ぐことができた方法は、物販以外にはひとつもありません。**

アフィリエイトをしている人のうち、アフィリエイトでの1カ月の収入が10万円を超える人は、全体の18・5％しかいないというデータ[※17]があります。つまり、アフィリエイトで成功できる人は2割にも満たないのです。

さらには、「収入なし」と答えた人は、31・6％にまでのぼり、アフィリエイトで稼ぐのがどれだけ難しいことなのか分かります。

また、FXで10万円を目指す場合は、最初は1000円の利益を100回繰り返す、というのがセオリーだと教わりました。私もここから始めましたが、1000円の利益を出すのが実に難しいのです。

FXは損失をなるべく少なく抑えつつ、利益を伸ばすという方法でお金を増やします。慣れるまでは、お金が減っていくことを許容できる、メンタルの強さと資金が必要です。お金を増やしたいと思いながらも、減っていく期間に耐えなければならないのです。

今でも、FXやアフィリエイトで稼いでいる人の話を聞くと、本当にすごいなと思うの

※17 アフィリエイトマーケティング協会「アフィリエイト・プログラムに関する意識調査2020年」

ですが、同時に到底私には真似できないことだと感じてしまいます。

こういった、特別なセンスや知識、忍耐力がなければできない方法に比べると、オンライン物販は誰でも10万円の利益に手が届く、現実的なお金の増やし方だと言えます。

不要品を売るだけでは10万円は稼げない

株式会社メルカリが2018年に発表しているデータによると、メルカリで出品している人の平均月間売上額は、1人あたり約1・7万円です。[※18]
年代別では、60代以上の男性で3万1960円、女性で2万9788円と、年齢を重ねるほど売り上げが上がっていることがよく分かります。年齢の高い方は、着物などのような、高額な不要品を持っているという傾向が表れているようです。
データから分かる通り、ただ不要品を売るだけでは、月10万円の売上には届きません。

※18 株式会社メルカリ「フリマアプリ「メルカリ」、2018年の利用動向を発表」2019年1月31日公開

年代別１人あたりの平均月間売上額

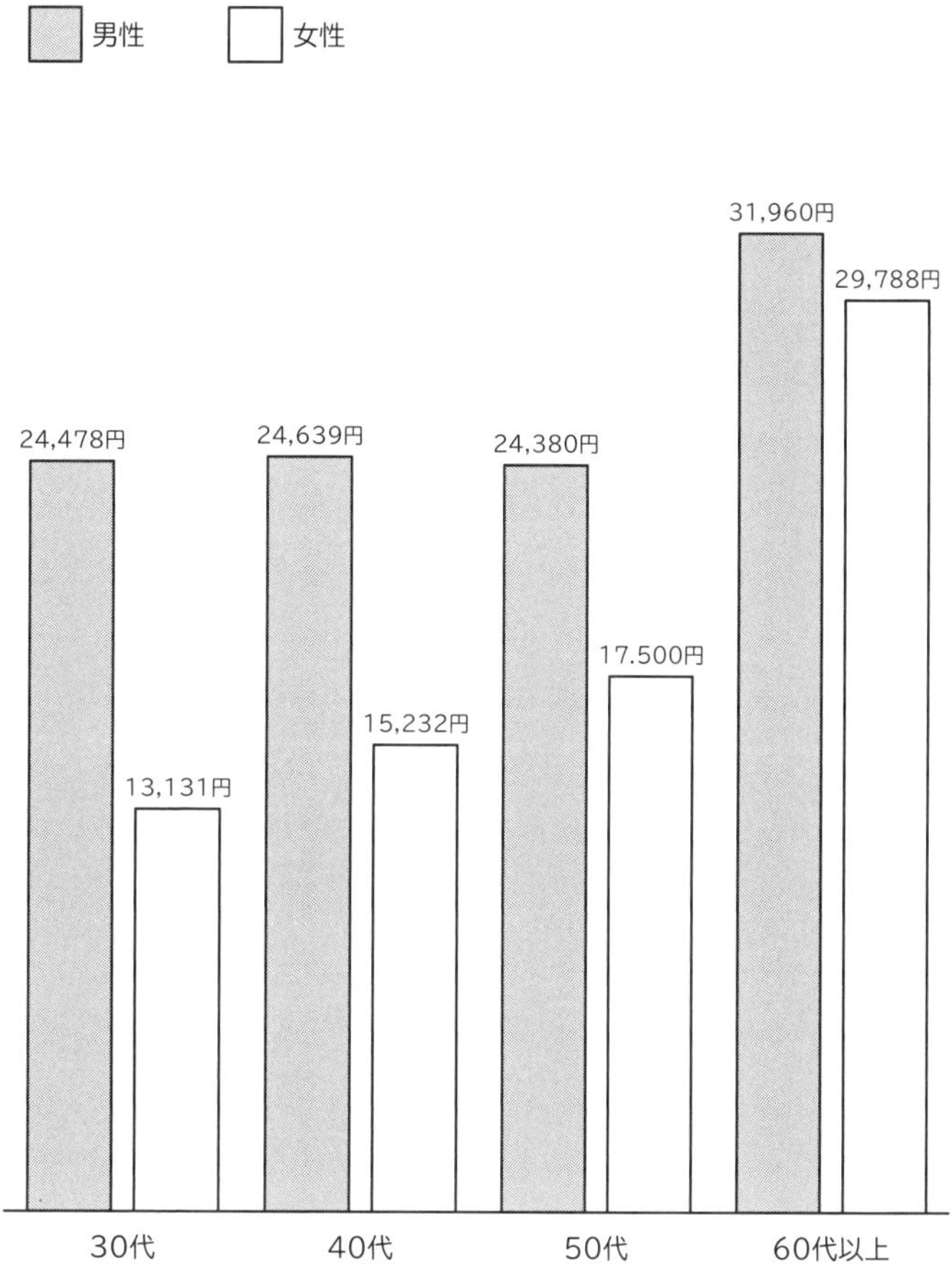

株式会社メルカリによる調査データよりグラフを作成

メルカリで十分に売上を出すためには、**ちょっとした工夫の積み重ねが必要**なのです。

私は不要品や仕入れた商品が売れない方へのアドバイスもしているのですが、不要品が売れない理由で一番多いのは、「価格を適当につけてしまうこと」です。

「元々捨てるものだったから適当でいいや」と価格設定を適当にしてしまうのは、本当にもったいないことです。**その商品がメルカリではいくらで売られているのか、ちょっと調べるだけで大きな違いがあります**。相場の価格を知ることができれば、売れやすくもなりますし、利益が2倍以上も変わることがあるからです。

また、**メルカリアプリを見ている人の気持ちになって出品する意識を持つ**だけで、フォロワーもできるようになります。フォロワーは、あなたの顧客とも言える存在です。

アプリを見ている人の気持ちになれば、工夫できるポイントが色々あることに気づきます。例えば、商品の写真、特に1枚目を目立たせる。タイトルと説明文に、検索されやすいキーワードを入れる。アプリ画面で商品を上位に表示させる。どれもまったく難しいことではありません。

このうち、最後の上位表示について少し説明しますね。

メルカリは出品している人がとても多く、出品した順番に、上から商品が表示される仕組みになっています。自分が出品した商品をそのままにしていると、すぐに表示位置が下に行ってしまって、あまり人に見られなくなってしまいます。こうなると、せっかく良い商品であっても、なかなか売れません。

メルカリで商品を購入する人は、欲しい商品を検索で調べることもありますが、アプリ画面を見て目に留まったものを、「これ欲しい！」衝動的に買う場合も多いんです。

このように、メルカリを見ている人の気持ちを考えると、目に留まる確率を上げるために、商品を上位表示させることが重要なんです。上位表示させるには、24時間経ったら100円値下げをするなど、簡単なコツがあります。

このようないくつかのコツを、メルカリで売上が伸び悩んでいる方にお伝えすると、「アドバイスを実行しただけで、売れ行きが良くなった」と感想をいただくことが何度もあります。どれもとても簡単なことなのに、すごいと思いませんか？

メルカリで売上を伸ばす簡単なコツは、何も特別な情報ではありません。「高く売りたい」「利益を増やしたい」という視点があれば、ＹｏｕＴｕｂｅやブログで意外と簡単に手に入ります。

メルカリという身近な副収入源に気がついたなら、今度は少し見る視点を変えて、**情報を集めてみてはいかがでしょうか**。不要品を適当に出品していたときとは、まったく違う結果になるはずです。

「引き寄せ」という言葉がありますが、これは、自分が気にしている情報がよく目に入ってくるから起こることです。人は「車が欲しい」「時計が欲しい」と思ったら、自然に他の人の車や時計が気になるようになります。

メルカリの情報を集めるのも、これと同じことです。「この商品をメルカリで高く売りたい」と思えば、そのための情報が目に入ってくるようになります。**その意識改革こそが、不要品販売から10万円達成へステップアップする第一歩**なんです。

情報を集めるには、信頼できる先生に教わるのが一番ですが、その前段階としては、動画コンテンツがおすすめです。ネクタイの結び方や髪のアレンジ方法のようなややこしいことでも、動画で見ると感覚的に分かりますよね。ノウハウを学ぶには、文章や写真よりも、動画で実際のやり方を見るほうが分かりやすいと思います。

YouTube等の動画コンテンツを利用して、まずは気軽に情報収集から始めてみてはいかがでしょうか。

「数字力」の基本は家計簿にあり

必要な情報をしっかり集めれば、メルカリで10万円を稼ぐのは誰にでもできます。繰り返しになりますが、特別なスキルは一切必要ありません。

しかし、不要品販売での数万円から10万円に至るまで、売上を徐々に上げていくためには、意識してほしい力が2つあります。

それは、**「数字力」**と**「調整力」**です。

これは、「稼ぐ力」の基本となるものです。「おひとりさま」として経済的に自立して生きていくためには、ぜひ身につけておいてほしい力です。

とはいえ、10万円を目標にメルカリを始めようという段階で、初めからこの力を持っている必要は全くありません。これらの2つの力は、10万円を目指して取り組んでいく中で、自然と身についていくものだからです。

ここからは、「数字力」と「調整力」とはどのようなものか、どうやって身につけるかをお話しします。

数字を意識すればお金は増える

まずは、「数字力」、つまり数字で考える力から見ていきましょう。

「数字で考える」などと聞くと、一気に「うわー難しそう」「面倒くさそう」なんて思った方、いらっしゃいませんか。特に女性は、一般的に「数字に弱い」という偏見を持たれがちで、なんとなく苦手意識を持っている方も多いかも知れません。

しかし、実際は、**女性は皆数字が苦手などということはありません。**

マイナビAGENT[20]による調査によれば、企業の経理担当者は女性が46％と、約半分は女性だということです。また、別の調査[21]では、約7割の家庭で女性が家計を管理しているという結果が出ています。

つまり、女性は数字に弱いというのは思い込み。反対に、女性にとってお金の数字はとても身近なものなんです。

とはいえ、いきなり目標数値を考えようと思っても難しく感じるかもしれません。自分の家計の把握ができていない方は、**まずは家計の見直しから始めてみましょう**。

毎月、自分の家計は赤字なのか、黒字なのか。いくらプラスが出ている、またはいくらマイナスになっているのか。これをきちんと知っておくだけでも違います。実際、これさえしっかり把握できていない人も少なくないのではないでしょうか。

「老後の資金が不安」「将来の子どもの教育費が不安」などと漠然と考えていても、空からお金が降ってくることはありません。将来、実際にいくらあれば足りるのか、数字で考えることから始めましょう。

※20 マイナビAGENT「平均年収ランキング経営企画・管理部門全般 経理」https://mynavi-agent.jp/helpful/income/category/backoffice_08.html

※21 株式会社オウチーノ「夫婦のお財布事情」実態調査」

そして、不足している金額に対して、今から月々いくら貯金すれば補えるのか、または資産運用に回して不足分を賄えるのか計算しましょう。
これが、数字を意識するということです。

子どもの頃、親から「貯金しなさい」と言われても、貯金をする理由が分からなかったという経験がある方も多いのではないでしょうか。おこづかいやお年玉をもらったら、好きなように使って、残りのお金を少し残しておく。そんなことを続けても、いつまでも貯まりませんでしたよね。
今の義務教育では、お金のことを教わる機会はほとんどありません。だから、貯められない人が多いんだと思います。私自身も、20代の頃はお金について何も知らなかったので、せっかく人より多く給料をもらっても、全然貯められませんでした。

多くの人が、貯金したくてもなかなか貯金ができないのは、**漠然と「貯めないとなぁ」と考えているから**。将来への不安から、貯金する目的を見失って、「とにかくたくさん貯めないといけない」と気持ちだけが焦っていませんか？

何のために貯金するのか、収入を増やさないといけないのか。具体的な目標を持つと、モチベーションが上がります。

つまり、**稼ぐ目的を持つ**ということですね。目的が明確であればあるほど、人間って頑張れるんです。子どものため、親のため、家族のため、自分のため。何でも良いので、「収入を増やしてどうなりたいか」は最低限考えておきましょう。

例えば、「家族でディズニーランドに旅行に行くために、20万円貯めよう」「子どもが私立の大学を選んでも進学できるように、学費を貯めておこう」などと、具体的にやりたいことが決まれば、目標金額を計算できます。

こうして目標金額を決めてから貯め始めれば、なんとなく貯金しているときより確実に貯まりやすくなります。

貯金する期間をあいまいにしないでおくことも大切です。

いつ目的を叶えるか決まれば、どのくらいの期間で貯金したらいいかも分かります。

例えば、半年後にディズニーランドに行くと決めたら、20万円を6で割って、月に3万3333円の貯金が必要になります。そこまで計算して、落とし込んでおくのです。

子どもを学費400万円の私立大学に行かせたいなら、0〜18歳までの18年で、毎月約1・8万円。自分の老後のために、20年間で2000万円を貯めておきたいなら、毎月約8・3万円。さらに、仕事を辞めて今の生活の質を保ちたいなら、今の仕事の給料分と同じだけ上乗せが必要ですね。

いっそ、先に期限を約束してしまうのもひとつの手。例えば、旅行を目標にするなら、先にホテルや飛行機の予約をとってしまってもいいかもしれません。

人は誰かと約束すると「守らなければならない」と思うものです。これは心理学の基本中の基本と言われる、「一貫性の原理」に基づくもの。自分の言ったことや、行動に矛盾がないように無意識に行動しようとしてしまうからです。

ホテルや飛行機を予約するのは、いわば相手の企業との約束です。**こうして約束してしまえば、もう貯金せざるを得ない状況になるのです**。

要は、「稼ぐ理由」「何のためにやるのか」を自分できちんと意識して、それを誰かと約束するということです。子どもやパートナー、友達といった、大切な人と約束するのも有効ですよ。

たまに、「1年後にお金を貯めて留学したい」と相談に来る人がいるのですが、1年後にいくら貯めるか決めておかないと、結局あまり貯まらずに、留学自体がなくなってしまうことも多いものです。

それならば、もう先に留学を申し込んでしまいましょう。後を絶って、覚悟を持って取り組むことができるようになります。

申し込んだことが、自分との約束になるのです。

こうして、目標金額や期間などの数字を決めて約束することで、副業に取り組むときにも常に意識できるようになっていきます。これを続けて行けば、ビジネスに必要な「数字で考える力」が身についていきます。

「何のために」「いつまでに」「いくら」貯めるのか、次のページのワークも活用して、できる限り細かく設定してみましょう。

①お金があったら「やりたいこと」は何ですか？

↓

②そのためにいくら必要ですか？

＿＿＿＿＿＿＿＿＿＿＿＿＿＿＿＿ 円

↓

③いつまでにやりたいですか？

＿＿＿＿＿＿＿ 年 ＿＿＿＿＿＿＿ カ月後

↓

④月々の貯金目標を計算しましょう

②÷③＝ ＿＿＿＿＿＿＿＿＿＿＿＿ 円／月

あなたにとっての「副業」の位置づけ

目標を考えるうえで、もうひとつ考えておくべきことがあります。

それは、**その副業が、自分にとってどういう位置づけなのか**ということ。

これから始める副業は、「おこづかい稼ぎ」なのか、「もうひとつの収入源になるもの」なのか、「本業になるもの」なのか。そうした前提によって、一度10万円を達成した後も、最終的に月々いくら必要になるか変わってきます。


これまで見てきたように、おこづかいの平均相場は約3万円／月。副業収入の希望額の平均は約13万／月に対して、実際の収入平均は約5万円／月です。そして、本業にするとなると、少なくとも30万円／月は欲しいということになります。

おこづかいではなく、少なくとも副収入源だと考えなければ、10万円は達成できないでしょう。10万円のステップの後、ゆくゆくは本業にすることを見据えてもいいです。

私もただ、「収入を増やしたい」くらいの気持ちで始めたブログアフィリエイトがうまくいかなかったのは、安易な気持ちだったからだと振り返って感じています。


また、目標を立てるときに気をつけないといけないことがあります。

目標を立てようとするときに、自分に厳しくしようとして、高い目標に設定したり、他人に目標を決めてもらったりしようとする人がいます。このような目標の立て方は、やってはいけません。

目標が高すぎると、なかなか目標に近づかなくて、やる気が続きません。また、人に決められた目標では、やらされているような義務感が出てきて、目標に近づいても達成感を感じにくくなります。これでは、目標達成まで続けていくのは難しいでしょう。

まずは**自分で達成できそうな目標を、自分で設定すること**が大切なんです。

継続の力の源は、ちょっとずつでもうまくいっている自分を実感すること。小さい成功体験の積み重ねです。

最初に設定する目標は、自分に甘くても大丈夫です。たとえ途中で目標を修正しても、悪いことではありません。

最初に決めた目標を達成できたら、すぐに次の目標を考えることもお忘れなく。目標をずっと持っていれば、モチベーションを下げることなく進み続けられます。

例えば、「1年後に家族でディズニーランド」という目標が叶ったなら、「また1年後に来よう」「次はアメリカのディズニーランドに行こう」。実家暮らしの人が独立してひとり暮らしができるようになったら、次は「もっと大きな家に引っ越そう」。

こんなふうに考えて、常に目の前の目標を持ち続けるようにしてください。

さらに、「いずれは働かずに利息で生活したい」というような大きな目標があるのだとしたら、それまでの過程で「脱サラする」「資産運用に○○円を回す」など、達成しやすい小さめの目標を立てたほうがいいです。

遠すぎる目標は、達成感がなかなか得られません。そのため、**大きな目標の達成に向けて、その目標を細分化した小さな目標を作っておく**のです。

自分がどうなりたいのか、いくら稼ぎたいのか、最初は分からない人がほとんどです。目標を持つことができれば、成功に向けた大きな一歩になるのです。

アップル社の創業者スティーブ・ジョブズがスタンフォード大学の卒業式で使った「connecting the dots（点と点をつなげる）」という有名な言葉があります。簡単に言うと、過去の経験が当時は思いもよらなかったことに活きるようになる、ということです。これは、「おひとりさま」の弱みである「ひとり」を補填する鍵になると私は思っています。過去も大事ですが、未来のためにどれだけ点を増やせるか、そして、その点をどれだけ多くつなげられるか、が大事なのです。だからこそ、小さい目標＝点をたくさん持って、未来につなげていきましょう。

「調整力」が身につく、正しい家計簿の使い方

自分がどうして収入を増やしたいか、金額はいくら必要なのか。目標が分かったところ

で、今度はそれを叶えるために、計画を立てなければなりません。

計画に必要なのは、長期的に物事を考える力。目標を達成している自分を想像して、そこから逆算して考える習慣です。私はこれを「調整力」と呼んでいます。

といっても、必要なのは、脳の一部、前頭葉と考えるための時間だけ。何も難しいことはありません。


最初に、家計簿で考えてみましょう。

家計簿って、書き終わったらもう過去のことのように思ってしまって、あまり見返さない方が多いのではないでしょうか。

多くの人が、家計簿をつけたこと自体に意義を感じてしまいがちだと思います。もし見直すとしても、「今月はちょっと使いすぎたな」「今月は手元にこれぐらいしか残らなかった」などと、感想を抱いて終わり、ということはありませんか？

しかし、**家計簿は、本当は未来のためにつけるもの**なんです。

「今月は食費が多くなってしまった」と思ったら、「来月は外食を控えよう」などというように次につなげることが、家計簿の真価です。

ただし、「外食を控える」のように節約して解決するだけでは、生活の自由度が減って選択肢が少なくなってしまいます。出費を減らすのではなく、「外食をしても大丈夫なように、収入を○○円増やす」など、選択肢を増やすための行動につなげましょう。様々な選択肢から逆算して、その選択を可能にする方法を考えることがおすすめです。

副業でも同じです。10万円を目指すなら、帳簿を見ながら、1カ月頑張った結果をじっくり振り返る必要があります。**結果を見て、来月に改善できる部分を考える**んです。

そうすると、反省点が色々見えてくると思います。そこで、反省点を改善するために、どうしようかと考える。目標達成のために足りていないものが何か探り、必要なことを逆算して考えます。

例えば、「量は多く売れているのに利益につながっていない」と分かれば、「来月は商品単価を上げよう」と考えられます。

その月の目標を運良く達成できたとしても、やはり振り返りは必要です。**成功要因をきちんと把握できれば、来月にもその要因を引き継ぎつつ、さらに上を目指して取り組むこ**

とができます。

「偶然1回成功した」ではなく、成功を続けていくことが重要です。「今月はうまくいったから」と振り返りをしなければ、次の月から売上を増やすことが難しくなります。

うまくいったときも、その理由を分析することを習慣にしてください。

これを繰り返していくと、ビジネスに必要な**調整力**がついていきます。

私自身も、振り返りと改善を繰り返すことから始めて、今では自分の会社を起こすまでになりました。今でも毎月の振り返りをして、良かったところを生かし、悪かったところは反省しています。この先もっと事業を拡大させていくことになっても、やはりビジネスの基本は同じだと思います。

調整力がつけば、仕事も生活もどんどんコントロールできるようになっていきます。自分の時間の自由度が上がって、細かな調整が利くようになってきます。

例えば、もしもの怪我や病気で1カ月入院しないといけなくなっても、その月は目標金額を減らして、その分を翌月以降に1万円ずつ上乗せする、というように、臨機応変な対応ができるようになるんです。

その意味では、万一に備えて、目標金額は必要な金額よりも、あらかじめ少し余裕を持って考えておくといいでしょう。「おひとりさま」は自分の人生を自由に決められる利点を持つ半面、頼れるのは自分ひとりという大きな弱みもあります。自然災害や感染症の流行など、明日自分に何が起こるか分からない世の中に、私達は生きているのですから。

10万円達成に必要な4つの数字

それでは、実際にどのように帳簿の数字を見たらいいのでしょう。

まず、メルカリで不要品を売る人達が見ている数字を考えてみましょう。こういった人達が見ている数字は、**「いくらで売れたか」「送料はいくらかかるのか」「梱包に使う資材はいくらなのか」**ということくらいです。

不要品は、仕入れというよりは偶然発生したものですから、原価の意識はあまりありません。

一方で、10万円をメルカリで達成しようとするなら、「仕入金額」を考える必要があります。「仕入金額」をあくまで1つ足すだけ。それ以外は不要品の場合と同じです。

「売上金額」「送料」「梱包資材の金額」「仕入金額」の4つだけ。この4つを把握しておきましょう。


そして、この4つの数字を帳簿につけるのですが、これも家計簿と同じです。家計簿は日付を書いて、いくらを何に使ったか項目ごとに仕訳して書き、月単位でその合計を出しますよね。

メルカリの帳簿の場合は、まず日付を書いて、「売上金額」「送料」「梱包資材の金額」「仕入金額」を書きます。

それと、「利益」と、メルカリは売れたときの手数料が10％かかりますので、それも記載しておくといいですね。利益は、「売れた金額」から「仕入金額」＋「梱包資材の金額」＋「送料」＋「メルカリ手数料」を差し引いた金額となります。

10万円を目指す段階では、このシンプルな帳簿をつけることだけで大丈夫です。

基本の帳簿のつけ方

日付	売上	仕入れ	梱包資材	送料	手数料	利益
8/24	800	200	50	200	**80**	**270**

メルカリ手数料の計算

売上800円×10％＝80円

利益の計算

800円 − (200円 + 50円 + 200円 + 80円) = 270円

売上金額　仕入金額　梱包資材の金額　送料　メルカリ手数料　利益

こうして日々コツコツと帳簿をつけておけば、数をこなしていくことで、品物の大きさを見ただけで送料の見当がつくようになり、安い資材の手に入れ方なども分かるようになっていきます。そして、利益を増やしやすくなっていきます。

帳簿は、手書きやエクセルなどでつけてもいいですが、今はお金の管理アプリやソフトも色々ありますよね。アプリやソフトを使うと、自動的に「今何に何パーセント使っている」と分かったり、月額でまとめてくれたりと、様々な機能があって便利です。「これくらいの利益が貯まっているならこの運用がおすすめ」など、そういったＡＩのような機能が入っているものもあり、アドバイスもしてくれるので参考になりますよ。

帳簿づけを習慣として続けるだけで、**お金の「調整力」も自然に身につきます**。「金融リテラシーを学ばないと！」なんて大層な題目を掲げなくても、実践の中でお金のことが分かるようになっていきます。

物販で利益を出すには、先に商品を購入する「**仕入れ**」が必要です。

先にお金を出すことにハードルを感じる方も多くいらっしゃいますが、そもそも世の中のほとんどが、この仕組みで成り立っています。

スーパーに売っているお菓子もそうです。例えば、お店側が1個60円で仕入れて、お客さんが1個100円で購入することで、スーパーは利益を得ています。確実に売れるかどうか分からなくても、仕入れをして店頭に並べなければ、お客さんが買ってくれることはありませんよね。

この仕入れができることが、稼げるかどうかの分かれ目です。仕入れを継続して常に在庫を持っておかないと、利益を出し続けることはできません。売るものがなければ、売上を上げることなんてできないのです。

仕入れに対する感覚が身についていると、お金を増やすためにも役立ちます。

例えば、読書好きな友人に、新作を買ったら3日くらいで読み終わり、すぐにメルカリに出品している人がいます。

メルカリでは本がよく売れるんです。元の価格の6～7割くらいで売れるので、実際に本を読むのにかかった金額は、わずか300円程度になります。しかも、本棚のスペースを圧迫することがなく、まさに一石三鳥！　毎月たくさんの本を読む友人にとっては、とてもコスパが良いのだそうです。

この友人のように、普段買っているものを「仕入れ」と考えて、自分にとって最大限の利益が取れる使い方を考えてみてほしいんです。こう考える習慣を続けていくと、「ちりも積もれば」でお金の貯まりグセがつくようになります。

メルカリを使った物販をしていると、帳簿をつけて振り返ることを繰り返していくうちに、「仕入れ」の感覚が自然と身についていきます。

この感覚が身につけば、お金の動きを把握して、自分にとって最も利益が出るように使い方や貯め方を調整することができるようになるのです。

「できない」という思い込みから自分を解放しよう

ここまで読まれて、「やっぱり10万円稼ぐなんて自分にはできない」と思われている方もいるかも知れません。それでも、まだ本を閉じないでください。

もしかしたらそれは、マイナスなイメージで、自分で自分を縛ってしまっている状態かも知れません。

そんな方にぜひ一度試していただきたいのが、心理学に基づく「**リフレーミング**」という手法です。おもに自分の感情のコントロールや、人間関係を円滑にするために使われているテクニックですが、最近は子育ての際の言葉がけなどにも応用されています。


「リフレーミング」を簡単に説明すると、「物事をあるひとつの視点からしか見られない状態から抜け出して、別のフレームや枠組みから見直してみる」というテクニックです。

物事はなんでも、視点や考え方を変えることで、ネガティブに考えていたことをポジティブに捉え直すことができるものです。

テストの点数でも、「60点しか取れなかった」とネガティブな捉え方をしてしまうと、残りの取れなかった40点にばかり視点がフォーカスされてしまいます。

一方で「60点も取れた！」とポジティブに捉えることができれば、取ることができた点数に視点がフォーカスされ、頑張った自分が認められ、物事に前向きになれるのです。

例えば、過去に「10万円稼ぎたくて頑張ったけどうまくいかなかった」人がいるとします。その失敗があるから、また同じ経験をするのが怖くて一歩踏み出すことが怖い。

でも実は、このような経験は「10万円稼いでいる人」がほとんど通っている道なんですよね。実際、私もそうでした。ですから、見方を変えれば、順調に10万円稼ぐための道を通っている証なんです。

そもそも、行動していなければ、「10万円稼ぐ」状態には辿り着けません。

好きな人に告白して振られた経験があったとしても、また好きな人ができたら告白しませんか？　告白することを諦めたら、好きな人と両思いになれる可能性は低くなります。

恥ずかしくても告白した。10万円稼ぎたくて頑張った。これらの経験は、きっとあなたを成長させています。

「自分にはできないかも」と思ってしまう方は、まずは、今そう思い込んでいる自分を認識してみましょう。そして、**「自分はできる人間になっていいんだ」と、自分で自分に許可を出してあげてください**。

そうしたら少しずつでも、何か始められる気持ちになっていけるかも知れません。

また、お金を稼ぎたいけれど、物理的に状況がかなり行き詰まっていて、「できないかも」と感じておられる方もいらっしゃるかもしれませんね。

そんな方には**「WANT」のリフレーミング**もおすすめです。

「WANT」のリフレーミングとは、行き詰まってしまった状況に対して、「では、どうしたい？」と自分に問いかけることで、本当の欲求を引き出し、実現に向けての対策を考えて、行動をスタートできるテクニックです。

欲求があるからには、それを達成するためのなんらかの手段があります。「どうしたい？」という問いの答えが自分の中で出たら、「じゃあどうする？」という手段を思い浮かべてみましょう。それを意識することで「できないかも」と考えてしまうだけの、行き詰まった状況から一歩先へ進むことができます。

私の場合の「WANT」は「離婚したい」「お金で我慢したくない」といったものでした。そして、「じゃあどうする？」の答えは、「本業の隙間時間を使って、メルカリを使った物販ビジネスを始めてみる」です。

こんなふうに、最初の一歩は決して大きなものでなくても大丈夫です。

ただ、「自分にはできない」とマイナスに考えるだけでは、そこからどこにも行けませんし、行き詰まった状況のままです。

考えるだけのテクニックですから、ぜひお家でリラックスした時間にチャレンジしてみてはいかがでしょうか。

あなたの「思い込み」や「WANT」はどんなことですか？

「うまくいかない」「できない」と思っていることは何ですか？

⬇

本当はどうしたいですか？

⬇

そのために何をしますか？

3章のまとめ

- まずは10万円を目標に副業スタート。収入の使い道は先に決めておこう。
- 不要品販売程度の副収入を抜け出すには、ちょっとした工夫の積み重ねが必要。
- 数字で目標を意識することで「数字力」を鍛えよう。
- 家計簿を正しく使いこなして「調整力」を身につけよう。
- 「できない」という思い込みを捨てて、自分が本当にやりたいことを思い出そう。

COLUMN

20代専業主婦の場合

右手にスマホ、左手に子ども、でも稼げる

1歳のお子さんと旦那さんと3人で生活されている、千葉県にお住まいの26歳、Mさんの成功例を紹介します。

Mさんは、以前は歯科助手として働いていらっしゃいましたが、結婚を機に退職。子育てをしながら、家にいてもできる仕事を探しているときに、メルカリを使った物販の仕事を見つけました。メルカリも副業も、全くの未経験からスタートしています。

Mさんのモットーは、「楽しく収入を増やす」。そう聞くと、なんだかのんびりした印象を受けるかもしれません。しかし、**始めて半月で5万円、1カ月で10万円の売上を達成**。なんとスタートして4カ月で、30万円の月利益を出すことに成功しています。

現在は、1日3時間ほどの作業で、毎月安定して30万円を稼いでいます。完全な初心者

から順調にステップを踏んでここまで来ています。

彼女の成功の理由は、素直さにありました。講師から教わったことを、本当に素直に実行していったおかげで、ここまで順調に進んでこられたのです。

例えば、「夜10時から0時にかけて値下げをして、商品が上位に表示されるようにする」などの細かいノウハウを、きちんとこなしていました。講師からのアドバイスをきちんと守って、やるべきことをしっかりとされていたんです。

同時に、お子さんと過ごす時間もないがしろにすることなく、大切にされていました。

子育てと副業を両立することは、慣れるまでは時間がかかって大変な部分もあったそうです。しかし、慣れてきてからは、お子さんと手遊びをしながら商品を梱包するなど、色々工夫して楽しみながら取り組んでいました。

仕入れる商品も、アパレルや小型家電に加えて、子どものおもちゃや赤ちゃん用品など、自分が関心のある分野のものを取り扱うことで、楽しんで続けられるようにしています。

楽しむということは、実はとても大切なことです。やっぱり、自分が興味を持っている、楽しめるものでなければ、何かを長く続けることは難しいのです。効率やスピードだけを求めて、もし苦痛に感じるくらいだったら、やらないほうがいいと思います。

メルカリでは、楽しめる要素がたくさんあります。Mさんの場合は、孤独になりがちな育児中でも、LINEグループで仲間の目標達成をお祝いし合うなど、人とのつながりも楽しみのひとつになっています。

Mさんがお金を稼ぐ理由は、「おひとりさま」になるためではなく、子どもの教育資金のためです。私自身もそうでしたが、やっぱり子どもができると、お金について一層真剣に考えるようになりますよね。

子育て中は、つい子どものことを最優先にしてしまいがちです。しかし、親自身、自分のことも大切にしてほしいと私は思っています。自分を大切にできれば、子どもや周りの人にも余裕を持って優しくなることができます。

子育て中でも自分自身のスキルアップができる、という意味でも、在宅で稼げるメルカリという手段は、一石二鳥以上の大きな価値があるのではないでしょうか。

本書コラム 登場人物の生の声

コラムで紹介した、魅力的な生活を送っている「おひとりさま」たち。本書では掲載しきれなかった「生の声」の動画をQRコードからご覧いただけます。
理想の「おひとりさま」になるためのヒントが満載です！

コラム1（P112）
「50代シングルマザー」

コラム2（P158）
「20代専業主婦」

コラム3（P202）
「30代元看護師」

コラム4（P234）
「50代自営業」

← 特典ダウンロードはこちら

もしくはスマホでLINEアプリを開き、「友だち追加」→「ID検索」で、@setoerika（@をお忘れなく）と入力してください。
友だち追加していただき、**「おひとりさま」**とメッセージを送ってください。

※購入者限定特典の配布は予告なく終了する可能性があります。あらかじめご了承ください。

お買い求めいただいた本のタイトル

■お買い求めいただいた書店名

(　　　　　　　　　　)市区町村（　　　　　　　　　　）書店

■この本を最初に何でお知りになりましたか

□ 書店で実物を見て　□ 雑誌で見て(雑誌名　　　　　　　　　　)
□ 新聞で見て(　　　　　　　新聞)　□ 家族や友人にすすめられて
総合法令出版の(□ HP、□ Facebook、□ Twitter、□ Instagram)を見て
□ その他(　　　　　　　　　　)

■お買い求めいただいた動機は何ですか（複数回答も可）

□ この著者の作品が好きだから　□ 興味のあるテーマだったから
□ タイトルに惹かれて　□ 表紙に惹かれて　□ 帯の文章に惹かれて
□ その他(　　　　　　　　　　)

■この本について感想をお聞かせください

（表紙・本文デザイン、タイトル、価格、内容など）

（掲載される場合のペンネーム：　　　　　　　　　　）

■最近、お読みになった本で面白かったものは何ですか?

■最近気になっているテーマ・著者、ご意見があればお書きください

ご協力ありがとうございました。いただいたご感想を匿名で広告等に掲載させていただくことがございます。匿名での使用も希望されない場合はチェックをお願いします☑
いただいた情報を、上記の目的以外に使用することはありません。

郵便はがき

料金受取人払郵便

日本橋局
承　　認

6189

差出有効期間
2023年2月
28日まで

切手をお貼りになる
必要はございません。

103-8790

953

中央区日本橋小伝馬町15-18
EDGE小伝馬町ビル9階
総合法令出版株式会社 行

本書のご購入、ご愛読ありがとうございました。
今後の出版企画の参考とさせていただきますので、
ぜひご意見をお聞かせください。

フリガナ お名前	性別 男・女	年齢 歳
ご住所 〒 TEL　（　　）		
ご職業　1.学生　2.会社員・公務員　3.会社・団体役員　4.教員　5.自営業　6.主婦　7.無職　8.その他（　　）		

メールアドレスを記載下さった方から、毎月5名様に書籍1冊プレゼント!

新刊やイベントの情報などをお知らせする場合に使用させていただきます。

※書籍プレゼントご希望の方は、下記にメールアドレスと希望ジャンルをご記入ください。書籍へのご応募は1度限り、発送にはお時間をいただく場合がございます。結果は発送をもってかえさせていただきます。

希望ジャンル：☐ 自己啓発　☐ ビジネス　☐ スピリチュアル　☐ 実用

E-MAILアドレス　※携帯電話のメールアドレスには対応しておりません。

4章

計画的に30万円！
安定した収入を手に入れる

毎月30万円あれば、何が叶う？

ひとりで生活するために、「最低でも30万円必要」というお話を2章でしました。

実際、私が離婚に踏み切ったタイミングも、副業で30万円稼げるようになったときです。その前から別居はしていましたが、「毎月30万円稼げる」という安心と自信が持てたことで、本当の意味で自立した暮らしをスタートできました。


収入が月に30万円あれば、その30％にあたる9万円は無理なく家賃にあてられます。

家賃9万円というと、私が当時の夫と別居して暮らし始めたときの、都内の賃貸マンションと同じ金額です。当時、月収16万円ほどで暮らすには厳しい金額でしたが、安全性や職場からの距離を考えれば、どうしても必要でした。

月収30万円は、食費や光熱費等をそこまで厳しく切り詰めなくても、ひとり暮らしなら十分に生活が成り立つ水準です。副業で生活費が確保できていれば、本業の収入を自分の趣味やスキルアップ、たまの贅沢のために全て使っても良くなります。

さらに、継続的に毎月30万円を稼ぐことができれば、**脱サラ、教育資金の確保、老後のための貯金なども夢ではありません**。

例えば、脱サラ。副業で本業と同じくらいの金額を稼げたら、本業を辞めることもできますよね。

国税庁の調査[※22]によれば、年間の平均給料・手当（賞与を除く）の金額は366万円となっています。これを月給に直すと、30万5000円。

平均的な会社員と同じ収入を保ちながら脱サラするには、やはり副業で毎月30万円は稼ぎ続けることが、最低限の条件だと分かると思います。

また、子どもがいる方は、教育資金を貯める目的で副業をすることもあるでしょう。その場合でも、月30万円がちょうど良い目標になると思います。

1章で、私立の小中学校・高校に通わせるなら、約3000万円の養育費・教育資金が

※22 国税庁「令和元年分民間給与実態統計調査」

必要だというお話をしました。さらに、私立大学に4年間通わせると、400万〜500万は学費がかかります。仕送りだって必要でしょうから、実際はこの倍額近くかかると考えられます。

つまり、子どもが22歳になるまで、4000万円は必要になるということです。単純に計算すると、22年間、月々15万円かかるということになります。

子どもが2人、3人となれば、金額も2倍、3倍です。また、塾や習い事にも通わせてあげたいと思ったら、毎月15万円では足りなくなってきます。

たとえシングルマザーであったり、複数人の子どもがいたりしても、不自由なく豊かな教育を受けさせてあげたい。そのためには、毎月30万円の収入は最低限のラインです。

老後への備えはお早めに

さらに、自分自身の将来、老後の暮らしも考えてみましょう。

生命保険文化センター[※23]による調査では、老後生活に必要だと思う最低日常生活費を質問したところ、月額で平均22万円となったそうです。

※23 生命保険文化センター「令和元年度 生活保障に関する調査」

さらに、旅行や趣味、日常生活を我慢なく過ごせる、経済的にゆとりのある老後生活を送るための費用としては、平均14万円は上乗せしたいという結果でした。

もし、老後のために貯金して２０００万円を準備できたとしても、65歳以降20年間生活したとして、ひと月に使えるお金はたったの約８万円です。さらに、２０１９年時点での年金受給額の平均は５万６０００円。それも、今後は金額が下がっていく見込みです。たとえ２０００万円貯蓄できていても、ゆとりある暮らしは叶わないかもしれないと思いませんか？

しかし、大多数の人は、老後よりも目の前の生活費を確保することに必死で、老後資金は後回しにしがちです。その理由は、年金や退職金、介護費など、老後資金には不確定要素が多く、金額の予想がしにくいこともあるでしょう。

しかし、準備を始めるのが遅くなるほど、子どもの養育費用や親の介護費用の負担増大、自分自身の健康問題などによって、老後資金はどんどん貯めにくくなります。遅**くとも、40代のうちには準備を始めたい**ところです。

副収入で月30万円を稼いで老後資金に回していけば、毎月稼ぐごとに、ゆとりある老後を送れる年月が伸びていきます。ちょっと切ない話ですが、このような準備をしなければ暮らしていけない、シビアな時代に私達は生きているのです。

「私は生涯現役で働くから、そこまで貯めておかなくても大丈夫」と考えている方もいらっしゃるかも知れません。社会的にも、定年退職年齢を押し上げよう、再雇用を促進しようとする傾向がありますよね。

実際、２０２１年4月からは、高齢者が活躍できる環境の整備を目的に、「改正高年齢者雇用安定法」が施行されました。少子高齢化が進んでいる日本では、労働力確保の観点からも、65歳以上の高年齢者が働くことを推進せざるを得ません。

しかし、昇給は期待できませんし、歳をとってからの再雇用や転職となれば基本給や時給は確実に減っていきます。体調も、若い頃と同じように元気ではいられなくなり、ずっと働き続けるのは難しくなります。

誰もが65歳以上になっても働くのが前提となりつつある世の中を見ていると、「働けなくなったらどうするのかな」と、私はとても心配になります。かつて集中治療室に勤務する中で、40代でも片麻痺になって働けなくなる人などをたくさん見てきて、働けなくなることへの不安が、人よりは大きいのかも知れません。

令和2年の現在、人が健康に生きていける「健康寿命」は男性72歳、女性74歳※24だそうです。健康寿命をすぎてから平均寿命まで、男性なら9年、女性なら13年あります。それほどの期間を、働けないけれど生活していかなければならない状況になるかもしれないのです。

「老後準備は少しでも早く始めてほしい」と私がお伝えする理由が、お分かりいただけたでしょうか。

30万円という目標は、一時的な副業による臨時収入ではなく、あくまでも継続して稼ぐことが重要だということをお忘れなく。一生をひとりでも豊かに暮らしていくことは、突発的な儲けだけでなく、安定した収入があるからこそ可能になるのです。

※24 厚生労働省「平均寿命と健康寿命の推移」

収入を倍にするために時間は倍もいらない

副収入で、実際に月20万円以上の収入を得ているのは全体の約14%の人だといいます。[※25]これだけ聞くと、月30万円を稼ぐのは難しいと感じられるかもしれませんね。

しかし、1カ月に10万円を目指すところから30万円にステップアップするために、大きく変えることは実はほとんどありません。

10万円まで稼げている人は、**皆さんそのままコツコツやり続ければ、30万円まで到達されています**。副業で月収10万円以上稼げている人は、副業をしている人のうち、たった18・8%という調査結果があります。[※26]そんな中で10万円を達成できたということは、今やっていることが間違いではないからです。

何に取り組むにしろ、10万円達成するまでの道程で、自分で稼ぐための基本は身についているはず。基本とは、すなわち数字の見方や時間の使い方、そして教わる人、聞ける仲

※25 マイナビ転職「副業に関する意識調査

※26 パーソル研究所「副業の実態・意識調査

間です。（この教わる人や聞ける仲間については、この章の最後にご説明します）

この基本があれば、収入＝単価×数量ですから、単価か量を調整することで、増やしていけるのです。

3章で、帳簿には、「売れた価格」「送料」「梱包資材代」「仕入金額」と、「利益」「手数料」をコツコツつけておいて、それを毎月振り返ることで、数字を見る力や管理能力が身につくというお話をしました。

それを続けていくと自然に、自分の時間の使い方にも見直しが入ります。皆、テレビやSNSを見ていた時間を、収入を増やすほうにあて出すのです。これは皆さん意識しなくても、10万円稼げるようになっていたら、勝手になっているはずです。

目標についていても自分でやりたいことを考えて、それを達成するための方法を具体的に考える力がついています。

いわば、基礎はもうできている状態です。

そのため、1カ月に10万円の収入を30万円にするために、**3倍の時間は必要ありません**。

クックパッドのレシピで1人分の料理を3人前にするのに、材料は3倍かもしれませんが、使う時間は3倍ではありませんよね？　それと考え方は同じです。

1人分を何回か作ったことがあれば、作り方自体は分かっているのでレシピをいちいち確認しながら作ることもないでしょうし、効率よく作ることができるはずです。卵を1個割っても3個割っても、そんなに時間は変わりませんよね。

私が教えている、メルカリを使った物販での収入の増やし方も同じです。仕入れ方やメルカリでの売り方は、10万円稼ぐまでに身につけていますので、**数をこなすほど、効率よく仕入れや出品、梱包ができるようになっていきます**。

したがって、3倍の収入を目指したとしても、時間の感覚的には約1・5倍くらいでしょうか。作業を延長するだけなので、覚えやすいし効率的にできますよ。

では、具体的に何を延長するのか。

一番分かりやすい例をあげれば、**仕入れ額を増やす**ということです。また、商品ジャンルを狭い範囲でちょっとずつ広げていくことも有効です。

今まではお茶だけ売っていたところ、今度はジュースも始めるなど、身近な範囲で広げるんです。同じ分野の中で、カテゴリを増やしていくイメージを持っていただくといいですね。
料理でたとえるなら、これまでは和食がメインだったけれど中華も増やしてみるなど。そうすれば、料理というベースは同じですから、3倍の結果を出そうとしても、3倍の時間がかかりません。

ちなみに、これまでと同じ商品で量を増やすという形でもいいですよ。10万円稼ぐために必要だった仕入れの量を、単純に3倍に増やすのです。それでもかなりやりやすいと思います。

先ほども言ったように、結局ビジネスは単価×数量で決まります。カテゴリを増やしても新旧それぞれのカテゴリで合計30万円稼げるように、仕入れの量を調整していく必要があります。
10万円稼ぐ中で商品の単価と利益の感覚がきちんと身についていれば、量を増やしてもカテゴリを増やしても、問題ありません。自分の好きなほうを選んでください。

一番おすすめできないのは、これまでお茶しか売ってこなかったのに、急に自動車を売り始めるなど、そういった極端に違う分野に手を出すことです。

これが一番失敗しやすいパターンで、リスクも大きいし、やり方も一からまた覚えて作っていかないといけなくなってしまいますから、とてつもなく非効率です。

もちろんビジネスマインドは活かせることもあると思いますが、ノウハウは全く別になりますから、あまり急に手を広げるのはおすすめできません。

ひとつのやり方を極めると考えたほうが、稼ぐためには近道ですよ。


ちなみに、実際に皆さんが効率よく稼がれていることの証拠として、私の生徒さんで30万円稼げている方は、副業で続けられている方がほとんどなんです。

30万円稼げるようになって初めて自信がついて、脱サラを考え出す人が多いですね。

「じゃあ次は本業の時間も使って50万円を目指そう」という感じです。


もちろん副業で30万円稼ぐまでには、体力的にも気持ち的にも負担は結構あって、正直大変だと思います。10万円達成の3倍とまではいかなくても、作業時間は増えますし、努力は必要です。

しかし、1回達成すると、皆さん効率よく時間を使えるようになっていきます。それも10万円までで培った、「数字力」と「調整力」のたまものなのです。

振り返りグセが安定収入への第一歩

さきほど、「30万円達成のためには、仕入れ額を増やすべき」というお話をしましたね。月収30万円を目指すに当たっては、一度、仕入れ額、商品価格を見直してみましょう。

とはいえ、これも10万円まででやってきたことを延長するだけ。簡単に言えば、**帳簿を見るときに、より良い数字に近づけようとしていけばいいのです**。

10個の商品を出品したうち5個しか売れなかったところを、10個中8個まで増やすにはどうすればいいかと考えて、数字の精度を上げていく……。たとえるなら、同じ輪投げゲームに何度も挑戦して、だんだんと投げ方のコツを掴み、成功率を上げていくようなイメージです。

精度を見るためには、数字をパーセンテージ化すると分かりやすいです。物販は日によって、人によって出品個数が違うのですが、「何個出したのに対して何個売れた」という数字をパーセンテージ化すれば、売れる率、すなわち「**成約率**」の毎日の変化を効率的に見られます。

「成約率」は、**売れた個数÷出品した個数×100**の計算で簡単に出るので、ぜひ一度出してみてください。ちなみに、初心者なら大体50％あればいい方で、販売力がついてくると成約率は80％を超えてきます。

ちなみに「**利益率**」と言って、「その商品を売ることでどれぐらい利益を得られたか」という数字も、**利益（売上から原価、包装費、郵送費等を引いたもの）÷売上×100の計算**で簡単に出せます（細かく言うと利益の出し方も会計上は5種類あるのですが、ここでは省きます）。利益率は、どんな物販の方法をするかでも変わってきますが、一般的には10～30％前後と言われています。この数字を高くすることが、30万円を目指すために必要になってきます。

この2つのパーセンテージを帳簿に追加して、日々、数字の精度を上げることを考えて

成約率の計算方法

売上個数÷出品個数×100

利益率の計算方法

利益金額÷売上金額×100

みましょう。

帳簿をエクセルなどの表計算ソフトで作られている方は、簡単なので自動計算式を入れてもいいと思いますし、会計アプリや会計ソフトの中には、これらのパーセンテージを自動的に算出してくれるものもあると思います。他の帳簿のつけ方は10万円までと変わりません。

そして、もし同じ副業をする仲間がいれば、自分の結果と比べてみたり、目標にする人を決めて、その人の「成約率」「利益率」を目指されると良いと思います。今はＳＮＳなどを通して仲間やグループも作りやすく、私の周りでもＬＩＮＥグループでやりとりをするので、その中で毎日の売上を報告しています。

もし比較する相手がいない場合も、自分でそれらのパーセンテージや数字を見直して、改善を積み重ねていけば大丈夫です。物販は経験の積み重ねによって、「どうすれば数字を増やしていけるるか」も自然に分析できるようになっていきます。

３カ月くらい継続して数字を見る基本の力が身についていれば、それ以上の収入を目指していくために新しいことを覚える必要はほとんどありません。お金の管理や仕入れのスケジュール、細かなコツは、1回覚えればずっと使えるスキルです。

だからこそ、一度30万円を達成できるようになれば、多くの方が**そのまま毎月30万円を稼げるようになり、収入が安定していく**んです。

ただし、すっかり慣れてしまって惰性で続けていると、気づかないうちに方法がズレていって、自己流のようになってしまっていることがあります。そうなると、「変わらずにやっているはずなのに、なぜか近頃うまくいかなくなってきた」ということがあり得ます。

ですから、時には自分のやり方を見直して修正していったり、最新の情報を得て自分の知識を更新したりする必要があるんです。

さらに、もうひとつ注意したいことは、**一度目標達成しても、休まずコツコツやり続けてほしい**ということです。

「30万円達成したから、1回お休みしよう」と考えてしまう方もいますが、お休みすると気持ちが切れてしまいがちなんです。その後、復帰したとしても、再び30万円を達成させるには時間がかかります。

たとえるなら、自転車の進み方と同じです。漕ぎ出して加速していれば漕ぎ続けるのは簡単ですが、一度止まるとまた漕ぎ始めるのに力を使いますよね。継続することこそが、売上を安定させるコツなのです。

そのためには、**やはり目標をきちんと持つこと**です。ひとつの目標を達成したらまた次の目標を立てて、「何のために30万円が必要なのか」を自分の中で再確認することが大切です。新たに目標を立て直すのもいいですね。それが長く継続していける秘訣です。

本当にそれだけなんですが、それができない人が多いのもまた事実で……。ただ単に30万円を稼ぐことや、売上を安定させることにフォーカスするだけでは、モチベーションは維持できません。

物販をやっていくうえでは、あえて在庫を売り切らず、ずっと仕入れを発生させて在庫を常に持っておくのも、継続のモチベーションにつながるかも知れませんね。物理的に在庫があれば、売るしかありませんから。

もしやめてしまったら、不良在庫になり損をしてしまいます。しばらく休んでも古くなってしまうので、家電などでしたら次のモデルが出て価格が下がったり、アパレル系でしたら流行りが終わって売れにくくなってしまったりというリスクもあります。
「そんな損はしたくない」という気持ちを、続けていく原動力にしてもいいでしょう。

また、目標は、何も収益拡大の方向でなくても大丈夫です。

月収30万円に満足して、さらに上の数字を目指すことなく、「安定してそのまま30万円を稼ぎ、それ以外の自分の時間を大切に生きたい」という選択肢でもいいんですよ。子どもとの時間を大切にされたい方もいると思います。

一方で、30万円達成を機に脱サラをして、もっと上を目指される方もいらっしゃるでしょう。目標は人それぞれで大丈夫ですが、ぜひ**なるべく具体的に自分のやりたいこと、理想の暮らしをイメージし**て、そこから再度考えてみましょう。

独学は自殺行為!? 生の情報を持つ人に聞きに行こう

ここまでお話をしてきた前提をひっくり返すように感じられるかも知れませんが、副業を始められるときは、できれば独学ではなさらないでください。

もちろん独学で始めて成功される方もいらっしゃると思いますが、独学で10万円ほどを稼いだ後、利益を伸ばせずに相談に来られる方が時々いらっしゃるのも事実です。

今はネット普及率が高く、中学生や小学生でも、内容の確かさや新旧は置いておいて、インターネットや本で情報を探して入手することはできます。そのため、器用な人は独学でもできてしまうんでしょう。

私は独学で失敗した経験がありますので、そういった方達は素直に尊敬します。

私がネットビジネスを知ってから、失敗を繰り返していた理由はここまでにも何度かお話ししましたが、その失敗の原因として最も大きかったのは、「自分でやれる」と思ってしまったところにあると思います。

あの頃は「お金が欲しい」という思いから、「儲かる」「稼げる」といった言葉ばかりが目について、そういった情報ばかりを見ていました。「自分に合うもの」ではなく、ネット上で不特定多数に向けて発信されている情報を安易に試してしまったのです。その中には、誤った情報ももちろんありました。

そして、気になった方法を3カ月実践してみるもお金にならない→また別のことを探してやってみる……の繰り返し。気づくと時間だけがかかって、全くお金は得られていないという状態になっていたのです。

改めて私がブログアフィリエイトに費やした時間を考えてみると、

1日3時間×31日×6カ月＝約558時間!!

この時間、もしアルバイトをしていたら、時給900円としても約50万円になります。

実際は家で隙間時間にしていたので単純な比較はできませんが、実にもったいなかった。

こんなふうに、独学ではやり方は学べても、分からないことを聞ける人がいないし、間違った方向に進んだ場合に修正ができません。やっていく中で改善点を見つけたり、分析をするためには、**自分より先に同じことを始めている人、自分より稼げている人に聞いていくほうが、圧倒的に近道なのです**。

自分より経験値が高く、過去ではなく現在、生の情報を持っている人がいいですね。そんな人に、自分の副業のやり方について一緒に考えてもらったり、外から見て間違いを指摘してもらうことは、非常に大切です。

精神的な面でも、収入にならないときほど人は不安になりますから、誰かに「大丈夫だよ」と言ってほしいのに、ひとりでは不安を抱えたままやらないといけません。

精神的にもきついんですよね。

独学で10万円稼げた人はこの期間をひとりで耐えているわけですから、メンタルが強いし、行動力がある人が多いです。そのため、その後にちゃんと教わって学ぶことで、すぐ結果が出る人がほとんどです。

ただ、最初から教わろうという人は自分で調べる時間や、合っているかの確認ができるので、失敗の時間をショートカットできます。

要は無駄になるであろう時間を、お金で買うイメージです。人に教わるお金を投資するのを抑えるのか、自分で情報を集めて寝ないで勉強するか。

私はそこを無駄にひとりで頑張りすぎず、人に聞くことをおすすめします。最初から正解を聞ければ、成功ルートを辿ることができますので、成功する確率も高くなります。

そこに払うお金は、元来ケチな私ですがケチりません！

なぜなら、時間はどんな人にも24時間以上はないので、命と同じくらい価値があるもの。それでなくても毎日淡々と寿命に向かって進んでいるのですから、寿命を縮めてしまう独学という行為は、私はおすすめできません。


お金の相談をしようとして、ファイナンシャルプランナーや金融機関に相談に行く方がいますが、同じ理由で、私はおすすめしていません。

確かに一般の人よりお金の知識はあるかもしれませんが、そういった方は、職場で金融商品を買うことを禁止されていたり、買うものを制限されていたりします。また、情報漏洩を防ぐための厳しい規定があり、自分で収入源を複数持っている方はほとんどいません。

自分でお金を作り出そうというときに、その経験がない人に聞いても参考にならないんです。

調子が悪くて医者に行こうというとき、お腹が痛いのに皮膚科に行っても原因が分からないのと一緒です。専門が違えば分からないものなんです。

人から情報収集をするなら、物販と同じで、実際の経験者に聞くのが一番良いと思います。

情報収集に本や雑誌を使う方もいますが、これもあまりおすすめできません。誰が発信しているか分からないネットの情報よりは、出版社や編集者さんがいる分、信憑性は高くなります。しかし、本ができるまで最低でも6カ月、早くても3カ月はかかります。

過去のデータや大きく変わらない情報は問題ありませんが、著者がすすめる株の銘柄や投資先は古くなっている可能性があることを念頭において読むべきでしょう。

結局、「事件は現場で起きている」が一番正しいのです。

正しい「先生」の見つけ方

これから「おひとりさま」になるにあたり、またすでに「おひとりさま」の人にとっても、誰からビジネスを教わるかはとても大事なことです。

会社は就職するときに一緒に働く人を選べませんが、自分で始めるビジネスに関しては、自分で選ぶことができるのがメリットです。

しかし、実際に教わってみると思っていた印象と違ったり、講師の性格が自分に合わなかったりと、ミスマッチもよく聞く話。では、どうやって自分に合った先生を見つければいいのでしょうか。

おすすめの探し方は、左記の３つです。

①直接会って探す

文字通り、**気になる方に直接会いに行ってみる方法です**。たとえ有名な方であっても、セミナーや勉強会、本の出版記念会などで会うことができると思います。その際、できれば自分より実力や経験が上の人を意識して選ぶようにしましょう。またセミナーや勉強会の参加人数は、6：1ぐらいまでの小規模がベター。大きなものになると、握手はできてもマンツーマンでじっくり話すのは難しくなるからです。

また、直接会うのであれば、**事前にその人のことをある程度調べて行きましょう**。「とりあえず行ってみよう」で会うと、「何も分かっていない」とマイナスイメージがついてしまう可能性もありますから。

さらに、一回会うだけではその人のことがよく分からないままに終わってしまうこともあります。何度か会って、お互いの理解を深めるべきです。

ただし、相手が自分より立場が上の場合、自分と話すメリットがなければ相手の時間を奪うだけですから、会ってもらえないことも……。

そんなときは、自分が相手に提供できるメリット、**例えば人材や人脈があることを示すか、相手の時間をいただくという認識でお金を払うことを検討するべきです**。

お金を払った分、「絶対その分を取り返そう！」と思って情報収集をしたり、自分のことを覚えてもらおうという意気込みも生まれます。

相手側にとっても顧客という認識になりますから、無料で会いに来る人とは態度が全然違います。出し惜しみせず、払う価値はあると思いますよ。

②ネット上で探す

ネット上なら、直接会う必要がないのでいろんな人と接触できますし、調べるだけなら相手の時間は使わないため、無料でできるのもメリットです。

ただこのとき気をつけたいのは、お金やノウハウの話ばかりする人は選ばないこと。ノウハウの話って多くの人が食いつきやすいのですが、そればかり言っている人は、お金のことしか考えていない、集客のことしか考えていない人も多いんです。

それよりも、その人自身がどんな生活をしていて、なぜビジネスをしているのかを話している人を選ぶと良いと思います。共通点があると話しやすいですから、そこも選ぶポイントにされても良いかもしれません。

実際、私が元看護師だからか、ご相談に来られる方には看護師や医療関係者の方が多いんです。状況が分かるからこそ、アドバイスもしやすいんですよね。

それから、最近は一切顔出しせずにアバターで集客に成功している人もいますが、やはり自分の顔を出している人のほうが、私は覚悟があって信用できると思います。動画などを発信している方なら、動画から、話し方や雰囲気で伝わってくるものも大きいですよね。そういったところも判断材料になるのではないでしょうか。

そして、**こうして気になる人を見つけたら、①にまた戻ってください**。やっぱり、一度直接会われたほうがいいと思います。ただ最近は、コロナ禍を受けてオンラインセミナーやオンライン勉強会も一般的になってきたので、もちろんオンラインでもＯＫです。

そういった意味では地方に住まれている方も、良い先生を見つけられるチャンスが増えていると言っていいのかも知れません。

③知り合いから探す

ズバリ、私のおすすめはこれです。

知り合いとは、家族、友人、同僚などです。

自分に近い分本音を引き出しやすいはずですから、全く知らない人が「この人すごい」と言っているのに比べて、信頼感のレベルが違います。

実際私も今のビジネスをするにあたり、友人から紹介してもらいました。

紹介してもらった後にももちろん調べましたが、最終的に決断でき、安い金額でないコンサル費用を払えたのは、信頼する友人の存在があったからです。

副業をしている人は意外といると思うのですが、公にせずこっそりしていた場合、なかなか見つけにくいかも知れません。しかし、もし身近にそういう人がいた場合、詳しく聞いておくと、思い出したときに連絡できます。

そしてまた、①に戻って直接会うというわけです。この3つの方法をバラバラにやるというよりも、**組み合わせてやっていくことで、より広い選択肢から良い先生を見つけられ**

るのではないでしょうか。

最後に、やってはいけない探し方をご紹介します。

それは、不特定多数から情報収集をすること。手当たり次第に連絡してみる、異業種交流会に参加しまくる、などはＮＧです。

「たくさんの人と接したほうが早く見つかる」と思うかもしれませんが、逆です。ピックアップする人は多くても構いませんが、時間を使って接する人は選別して、効率的に探しましょう。

また、先生にしたい人にある程度目星をつけたなら、徹底的に仲良くなって信頼関係を作ることを心がけましょう。副業を始める、収入を増やすと考えた場合、単月だけで終わりにするつもりで始める人は少ないです。

長く続けるものだからこそ、長く関係を持ち続けられる人かどうかを冷静に見極めましょう。

最新情報を素早くキャッチ！あなどれないシェア効果

良い先生に出会えたら、その先生の下に集まる人と出会えます。その人達とぜひ仲間になって、**仲間達がいる環境に入ってしまいましょう**。

同じ先生を選んだ人同士は、すぐに仲良くなれると思います。たぶん、その先生の過去のエピソードや境遇に共感できる人が集まっているからでしょう。

ちなみに私の生徒さんは、さきほど言った看護師の他に、シングルマザーも多くいらっしゃいます。生徒さん同士、共感ポイントが多い分すぐ仲良くなるし、仲間意識も強いです。「看護師会」「女性限定グループ」のようなサブグループもあって、仕事の悩みなどを共有して交流を深めています。

会社員の方が副業を始める場合、24時間のうちの8時間、1／3は会社にいます。その時間を同じ会社の人達と一緒に過ごしているわけです。

その人達は「お金を増やしたい」と心の中では思っているのかもしれませんが、そういう話は基本的にあまりしませんよね。

そんな環境にいて副業をするとなると、「見られたくない」「バレたくない」という思いで行動を制限してしまう可能性がおおいにあります。

しかし、同じ目標に向かう人、収入を増やしたい人達の中にいれば、それって全然普通のことですから、行動も自分の気持ちも制限する必要はありません。

もちろん、「子どものために教育資金を作りたい」「親孝行するお金が欲しい」など、最終目標はそれぞれ違いますが、その目標を達成するまでの道のりで、「収入が月30万円欲しい」という道が一度重なります。

そんなメンバーの中にいれば、変なストレスを感じたり、隠すための労力をかける必要がなく、伸び伸び仕事ができるんです。「こんなに人に話せたことはない」という言葉をよく聞くくらい、皆心を開ける仲間になっています。

しかも、先に始めている先輩や色々な段階の経験者がいるので、**アドバイスも受けやす**

いし、なんでも質問できます。

最新の情報が得られますし、ＬＩＮＥグループには誰でも読める日報がありますから、リアルに売買状況も分かります。同じ環境で同じようにやっている人が、結果を出している方法も分かるのです。

その良い例として、フリマアプリの規約の問題があります。メルカリを含めてフリマアプリは、意外とよく規約が変わります。

フリマアプリの会社同士が切磋琢磨して、ユーザーにとっていいサービスを目指してバージョンアップを図っているからだと思いますが、これにより、1年前に出品した商品が今は出品禁止になる、今まで使っていた方法が使えないなど、使用側にとっては困る状況が突然起こることがあります。

最近ではマスクも、コロナ対策で品薄になったことで価格が高騰して、一時期取り扱い禁止になりました。ニュースにも取り上げられていましたから、覚えておられる方もいるかも知れません。

こういった情報はある程度一般に公開される部分もありますが、されないものもあります。出品したその人だけに通知が来たりすることもあるんです。

仲間がいればそういった情報も素早く、「この商品は警告されたので皆さん気をつけてください」という形でシェアできるので、普通では知り得ない情報もデータとして蓄積されていきます。

私の運営する物販スクールは5年目になり、生徒さんも累計で2000人ぐらいはいるので、それはもう膨大な情報量です。

中には、「この商品がよく売れました」といった情報をシェアしてくれる実績のある方もいます。タイトルのつけ方や、価格帯、キーワードなど、とても参考になります。

こういうシェアってひとりでは絶対無理ですし、特に初めての人って分からないじゃないですか。そこが、仲間がたくさんいる強みです。ひとりで作業していても、「ひとり」じゃないんですよね。

アプリ画面で、自分で売れ筋などから調べることもできるとは思いますが、時間がかかり、そこでまた、独学ゆえに間違えてしまう可能性もあるので、得策ではありません。

私達が使っているLINEでなくても、Facebook や Chatwork など、コミュニケーションツールも色々あるので、場所、地域を限定せず、オンラインを通じて全国の人とビジネスを共有できる環境はどこにいても整えられます。

時間にも縛られず、自分が見たいときに情報を見て取っていけばいいですし、セミナーなども、私は「参加したい人はしてください」というスタンスで開催しています。予定が合わなければ、後で動画で見ることもできます。

もちろん、オフラインで直接会って情報を得たいという方もいらっしゃいます。そういった方は住んでいる場所が近い人同士で、集まって話されることもあります。

あくまでそれぞれの自立や、**自分で稼ぐ力をつけるのが目的の仲間**なので、「やりなさい」と強制するのではなく、皆自分のペースで関わっています。ある意味、仲間がいてもビジネスとしての基本は変わりません。情報を調べる先がネットという広い海から、学校のようなコミュニティ、個人対個人になるというイメージです。

したがって、「入ってしまえば安心」ということではありません。あくまで仲間のいるこの環境をうまく使って、それぞれが稼いでいければいいのです。

選択的「おひとりさま」でいること

1章でお話しした、「マズローの欲求段階説」の話を覚えていらっしゃいますでしょうか。人間の欲求は5段階になっていて、「生理的欲求」「安全欲求」「社会的欲求」「承認欲求」「自己実現欲求」の順番に、自分の欲求を満たしていくという話です。

得てして人間は「欲望」を持つこと自体を悪いことと捉えがちですが、マズローによると、人間が持つ基本的な欲求から生まれる欲望は、決して悪ではないそうです。欲求を抑えるよりも、引き出して満たしたほうが、より健康になり、生産的になり、幸福になることができると考えられています。

このことから、私は**ビジネスのうえでも、「精神的欲求」とされる、「社会的欲求」「承認欲求」「自己実現欲求」を満たしたほうが、より生産的になり、幸せになれる**と考えています。

反対に、**孤独感はビジネスを続けていくうえで、敵になる**のではないでしょうか。

何故なら、何かを継続して続けていくことは、どんなことにせよ本当に大変だからです。

孤独感を感じる状態というのは、この「社会的欲求」「承認欲求」が満たされていない状態を指しています。

この2つは、先にもお伝えしましたが、どこかのグループに所属していたり、「自分が愛されている、求められている」と感じられたり、「ここにいていいんだよ」と誰かに認められたり。そういった人と人との関係性の中でしか得られない欲求です。

そして実は、自分が将来こうなりたい、収入を増やして理想の生活を送りたい、などの「自己実現欲求」は、この2つの欲求の先にあるのです。「社会的欲求」「承認欲求」が満たされていないと先に進めません。そのため、仲間がいないと続けるモチベーションを持ち続けることが難しくなるんですね。

つまり**モチベーションの維持には、目標を持つということに加えて、仲間の存在も不可欠**だということです。

と同時に、ものごとを続けていくうえではライバルの存在も重要です。物語には必ずライバルの存在がいますよね。仲間や同期がお互いの行動や生産性に影響を与え合うことを「ピア効果」と言います。一方で結果が出れば、もう一方は「条件的にはそんなに変わらないのに、じゃあなんで結果が出ないのだろう」と考えて、自分の状況を改めて分析したり、足りていない部分を先生に聞いてそこを直していったりします。そうやって成果につながっていった人を何人も見てきました。

また、私達のLINEグループでは、10万円、30万円など節目となる目標を達成した人がいたら、皆でお祝いをしたり、インタビューを行ったりしています。それをしてもらった人は「承認欲求」「自己実現欲求」が満たされてモチベーションが高まりますし、お祝いをした側の人、お祝いをされているのを見た人は、「自分も頑張ってお祝いされよう」「インタビューされよう」というモチベーションにつながっています。

もちろん、あまり目立ちたくないという人もいますが、お祝いをされるだけなら顔は見えませんし、LINEはアイコンとニックネームなので個人を特定できるものでもありません。目立たずに「承認欲求」を満たすことができるんです。

お祝いされることで、「私もこんなことができたんだ」と自己肯定感が高まって、自尊心も高まる。これが**自信になって、より行動していけるようになります**。その先に自分のお金や人生をコントロールできるようになっていく道が開けます。

人間ってやっぱり根本的には褒められて伸びるものですし、単純に誰かに「すごい」と言ってもらえるのがうれしいし、やりがいにつながるものです。認められていると感じられると思うんですよね。

専業主婦になると、なかなか社会との関わりってないじゃないですか。夫やママ友との関わりはあっても、「すごいね」と褒められることってあまりないと思うんです。

それを同じ目標に向かっている仲間同士でやるという意味は大きいと思います。

そう言いつつ、私は元々ひとりが好きなタイプなので、「人と関わるのは面倒くさい」「ひとりでやりたい」という人も否定しません。私もそんなスタンスでこれまでずっと生きてきました。

そういう人はグループに参加だけして、情報を得たいときは得て、後は関わらないという気楽なスタンスでもいいのではないでしょうか。

ＬＩＮＥグループでも、日報だけは出して、後は全然コメントされないという方もいらっしゃいますよ。淡々とやっている方、と言いましょうか。

大切なのは、**ひとりを選べる状況にある**ことです。選べない孤独は結構きつい。近くに仲間がいて、入ろうと思えばいつでもグループに片足入れる。そんなスタイルが理想です。人には好調不調、「今は人と一緒にいたくない」と感じるメンタルの波もありますから、そのときはいなくていいんです。

もちろん、仲間とワイワイやりたい人はそれでいいんですよ。あえてひとりでやりたいなら、そのスタイルがおすすめです。そこは自分が楽な、楽しいほうを選べばいい。大切なのは、**その選べる状況に自分がいること**です。

積極的に関わらなくてもいい、目標が同じ仲間がいるコミュニティに参加しているだけで、継続していくモチベーションや情報が得られるのなら、結構お得だと思いませんか。

4章のまとめ

- 副業月収30万円なら、ひとり暮らしの生活費補填に加えて老後への備えもできる。
- 10万円までに固めた基礎のおかげで、効率的に30万円へステップアップできる。
- 帳簿の数字を見直して、「成約率」「利益率」の精度を上げていこう。
- 最新の詳しい情報を得たければ、経験者・成功者に直接教えてもらおう。
- 同じ目標を持ち、情報をシェアできる仲間を作ろう。
- 自分のモチベーションを保つために、自分のペースでコミュニティに参加しよう。

COLUMN

30代元看護師の場合

新人に戻ったように徹底的に教わって30万円達成

今回の事例は、青森県に住んでいる、36歳のHさん。

彼女は元々、地方の病院で看護師をされていました。給料が低く、将来に不安を感じていました。「将来のために貯金したい」と思い、お金を稼ぐ方法を探し始めたところ、メルカリを使った物販の情報を発見。看護師という共通点があったこともあり、YouTubeを見て私に連絡をしてきてくれました。

これまでの事例の皆さんと同じく、Hさんも物販は全く未経験。

それでも、**とにかく疑問に思ったことは全部聞きまくる**、というスタイルで、講師がちょっと大変なくらい（笑）、なんでも質問するようにしていました。メルカリや物販のことに限らず、苦手だったパソコンの操作方法も色々聞いていましたね。

そして、質問して教えてもらったことを、次々と実践していったんです。例えば、売れ筋商品を講師や仲間に聞いて、答え通りの家電、PC周辺機器、ドライブレコーダー、掃除機などを仕入れて出品していました。

こうして新人のように素直に行動していたからこそ、成長が早く、みるみる上達していきました。

実は、副業のスクールに入って教えてもらっていても、自分なりの方法で進めようとしてなかなか売上が伸びない人もいるんです。

しかし、Hさんはコスパ意識がとても高かった。「教わるためにお金を払っているんだから、お金を払った分以上に知識や技術を回収したい」という気持ちが強かったのです。LINEグループの環境もうまく使って、私に「こういうときどうしたらいいですか」と直接質問をしてきたこともありました。

人によって、それぞれ自分なりの学び方があると思いますが、Hさんのように「人に聞く」「素直に実践する」という方法は、30万円達成へのひとつの近道だと思います。

Hさんは、初めは貯金を目的にしていましたが、スタートするときに**「半年後に脱サラしよう」という目標も立てました。**私の経験をお伝えして、一緒に目標を考えたんです。看護師なので夜勤もあり、かなり忙しかったのですが、本業が終わった後の時間を使ってメルカリに取り組んでいました。その結果、スタートして2カ月で月24万円の売上を達成。**4カ月目には、月30万円を達成されて、晴れて脱サラに成功！**

現在は、私と一緒に仕事をしています。YouTubeでの動画配信にも手を広げていらっしゃいますよ。

単にお金を稼ぐことだけが目的ではなく、「仕事を辞めたい」「地方でも自由に生活したい」「私（瀬戸山）みたいになりたい」といったビジョンをしっかり持っていたことも、彼女が成功できた理由でしょう。

彼女の場合、自分と共通点があり、自分がやりたいことを先に経験していた私と話をして、見えてきた目標がありました。「稼いだらどうなれるか」「いくら稼げばどんな生活ができるか」といった将来像を、具体的にイメージできたことが大きかったのだと思います。

人から話を聞いて、明確な目標を立てるということは、本当に大事なことなんです。

5章

いつか「おひとりさま」になりたいあなたへ

一生役立つ「稼ぐ力」で環境は大きく変わる

ここまで読んできたあなたは、30万円を自分で稼ぐための方法は分かったはずです。今までしたことがなかった、本業以外で30万円を稼ぐ力を知っていく過程では、**収入だけでなく、きっと色々なものの見方が変わってきたのではないでしょうか。**

私もメルカリというアプリからのスタートでしたが、収入が増えるに連れ、自分の生活や環境が変わっていきました。

10万円で別居、30万円で離婚、80万円で脱サラ、１００万円で起業といった具合です。離婚を機にＹｏｕＴｕｂｅでの動画配信もスタートしました。主に物販で稼ぐ秘訣をお伝えしたり、実際に目標を達成された生徒さんにインタビューしたりしています。まさか自分がＹｏｕＴｕｂｅに出るなんて、看護師のときは夢にも思っていませんでした。

また、売れる商品を知るために、これまで見たこともなかった中国のウェブサイトを見るようになったり、スキルを教えてもらうために、メルカリで売るのが上手な人に直接連絡をして会ったりもしました。

こういった体験は、出産後育児と本業と家事しかなかった自分に新しい世界をもたらし、その影響を受けて、自分自身が大きく変わっていった実感があります。

反対に、離婚によって自分や生活が大きく変わった実感は特にありません。

離婚したことで元夫とは完全に扶養関係がなくなりましたが、副収入源が30万円を達成して経済的に自立できた頃に離婚をしたので、金銭面で大きな変化がなかったのです。

むしろ、子どものためにもっと稼ごうという前向きな気持ちしかありませんでした。

本業の看護師をしながら30万円達成できたことで、本業を減らす覚悟もでき、退職に向けて準備を始めていきました。**本業の勤務時間を徐々に減らし、生活の割合を副業中心にスライドしていった**のです。

余談ですが、離婚してからのほうが元夫との関係は良好で、今も家族としての縁は切れていません。年に1回は元夫の実家である北海道に、子ども達と一緒に遊びに出かけています。

また、物販ビジネスを続ける中では尊敬できる師にも巡り会い、将来のことを考えて収入を増やしたい、自分で稼ぐ力をつけたいと共に考えられる仲間もできました。

この仲間や師は、看護師を続けていただけでは絶対に出会えなかった縁であり、人生における大切な財産となっています。

元々起業や独立までは考えておらず、「離婚しておひとりさまになりたい」というくらいの動機だった私がここまで来られたのは、やはり、当時同じように頑張っていた仲間達の9割が会社から独立していたこと、そして、「月収100万円は当然」という考えの人達が多かったことに影響を受けたからだと思います。

人は環境や周りの人から影響を受けると言いますが、まさにそれでした。

思えば、人の縁にとても恵まれていたのだと思います。

まだ「副業の方法をスクールや先生に習う」「そこで出会った人と仲間になる」なんて

ハードルが高いと思われている方もいるかも知れません。

プログラミングやアフィリエイトなど、副業系のスクールも今は色々あります。そこに通う感覚は、習い事でピアノや生け花を教わることの延長のようなものだと思います。

私が子どもの塾を探すときに一番重視するのは、実績が出ているかどうかです。「その塾からどれだけ希望する学校に合格している人がいるのか」という割合や、生徒数に対しての合格率を見るんです。

実績があるとやっぱり安心感も違いますし、今まで合格させてきた経験も違うと思うので、その経験にこそお金を払って子どもを預けたいと思います。

東大に受かりたい人が独学で勉強するのと、東大の合格率が高い塾に入って勉強するのとを比べれば、絶対塾のほうが効率がいいと思うんです。

もちろんそういうところのお値段は高いと思いますし、腕のいい個人家庭教師になると、もっと高いと思います。

しかし、その分合格する確率は確実に変わる。それをお金で買っていると考えています。

そしてこれは物販ビジネス、メルカリを使ってお金を稼ぐことに関しても同じです。

実践して結果を残してきたプロに習えて、周りには同じ目標を目指す仲間がいて、その中には自分が目指す目標を、すでに達成している先輩もいる。

その環境の中にいることで、目標を達成するまでにかかる期間は大きく変わってきますし、同じ努力をしたとしても、結果が変わってくると思います。


最近、自動運転の車が少しずつ普及していますが、まだまだ新しいテクノロジーなので、「本当に大丈夫なの？」と敬遠する人も多いですよね。

しかし、おそらく10年後、20年後にはきっとたくさんの方が乗っているのではないでしょうか。もしかしたら、自動運転の車のほうが当たり前の世の中になっているかも知れません。


新しいもののリスクを取るのは不安だと思いますが、それはどんなことでも同じです。

だからこそ、勇気を出して一歩を踏み出してみませんか。

オーダーメイド・タイムコントロールの秘訣

30万円を自分で稼げるようになると、時間の使い方も変わります。

人や機械に頼れることは頼って、自分は自分にしかできないことをやる。そうやって時間をコントロールして、自分の時間を作り出すんです。

私はお掃除などの家事は、「シルバー人材サービス」を活用しています。地域の高齢者が家事や事務作業といった仕事をしてくれるんです。家事代行というととても高そうに感じられるかも知れませんが、1時間1000円くらいの手頃な価格でお願いできます。地域とのつながりもできるのでおすすめですよ。地域に顔見知りがいると、もしものときも安心です。

買い物はスーパーに行くのをやめて、ネットスーパーにしています。送料がかかるので少し割高にはなりますが、パソコンの画面で全部完結するのでスピーディですし、何より自分が行って選んで買って帰ってくる、という時間を全部節約できます。

細かいところでは、組み立てが必要な家具も全部お金を出して組み立ててもらっています。時短家電も大好きで、毎日活用していますね。

日本では、自分が頑張ることが美徳とされる文化がありますよね。人に頼るのはあまり良くないという風潮があります。特にその考え方が根付いているのが、今の30〜50代くらいの人達。そのため、つい頑張りすぎちゃうんです。

20代ぐらいの人、スマホ世代、ネット世代と言われる人達は、そのあたりをとても気軽に頼めたりします。育った環境の違いなんだろうなと見ていて思いますが、ビジネスを始めてからは、それでいいんじゃないかなと思えるようになりました。

私も、自分で全部の家事をする専業主婦の母を見て育って、「家事は自分がやらないといけない」という先入観がありました。そのため、「金持ちでもない自分が家事をアウトソーシングするなんてダメなんだ」という思い込みのようなものがあったんです。

しかし、自立を目指して副業を始めた頃、すでにたくさんのお金を自分で稼いでいた大先輩から、「お金がないときから、家事を外注して自分の時間を作るからこそ、お金を稼いでいけるようになれるんだ」と教わったんです。家事を外注して、その分で生まれた時間で、自分でお金を稼ぐ。お金を稼ぐためにお金を払って、家事を頼むのです。

それを聞いたときは、「ああ！　そうやって時間を作るんだ」と目からウロコでした。

家事についての考え方は、これまでの思い込みや育った環境があるので、自然にブレーキがかかって踏み込めない領域なのかもしれません。それでも、これから自分でお金を増やしていこうとしている皆さんには、ぜひお伝えしたいことです。

他の誰かにもできる家事は、自分でやらなくてもいい。お金を出して、人に任せてください。家事も仕事も「ひとりでコツコツ」というイメージは捨てましょう。

メルカリを使った物販でも人に頼めることはあります。商品の包装など、誰がやっても大丈夫なことは、お金を払ってやってもらえます。商品の発送のためにコンビニまで行く時間がもったいなければ、有料で集荷に来てもらうこともできます。

30万円稼ぐとなると、1回の発送で10～30個発送することになりますから、それを車に積み込んで持っていくだけでも、結構な労力と時間がかかります。

そういう**単純作業や移動にかかる分の時間を、お金を出して買う**ということです。

全部無理して自分がやり続けると、心身共に負担になり、最後にはやめることにつながりかねません。すると収入はそこでなくなってしまいます。

こうやって、時間を他に使えるサービスで買っていけるようになると、どんどん時間に対する考え方も変わっていきますよ。

大切なのは、**ずっと続けられる仕組みを作る**ことです。

30万円からさらに50万円を目指すとなったら、やっぱり時間がさらに必要となります。安定して30万円稼ぎ続けて、子どもとの時間を大切にしたいという方も、子どもとの時間はあればあるほどいいですよね。その時間を自分でコントロールして作り出すんです。

反対にお金の管理や帳簿の記入、分析などは人に頼めない、頼むべきではないことです。お金周りのことは、よっぽど信頼している人でなければ任せられませんし、トラブルにもつながりやすいところです。

そこは人に任せず、自分でやりましょう。自分で記入し、振り返って分析することで力がつき、成長につながるので、たとえ信頼している相手でも任せてはいけません。

そして、人を育てることも、自分にしかできない仕事です。

自分が持っているスキルや知識は、人に教えなければ自分しか使えません。

これは、看護師時代にも思っていたことです。私は採血が得意な方だったので、他に新人看護師しかいないときや、後輩が注射に失敗してしまったときなどは、よく代わりにやってあげていました。しかし、そうなると朝の採血に追われてしまって、必要以上に自分にかかる負担が増えてしまっていたんです。

このような事態は、他の仕事でもよくあることなのではないでしょうか。

自分が人の代わりにやってあげてばかりでは、いつまで経っても人に頼めるようになりません。自分にかかる負担を減らすためにも、まずは自分にしかできないことを、他の人にもできるようになってもらわないといけないんです。

スキルのある人こそ、そのスキルを教えて、人を育てていったほうがいい。そこから一緒に働く仲間も生まれますし、自分のスキルが評価されるようにもなります。これが、稼ぐ力にもつながっていくのです。

初心者で副業を始めた方も、最初は皆同じですが、だんだん稼げるようになると、教える側を目指す方が出てきます。教える側に行く以外にも、物販を続ける方、他のビジネスに挑戦する方など、自然に道が分かれていくんです。

30万円達成できた方なら、ビジネス自体の基礎はできているので、他のビジネスに応用も利きます。分野の違う物販に強い人と提携したり、全く新しい仕入れ先を見つけてくる方もいますよ。

30万円達成したら、そうやって自分で選ぶべき新しいステージが見えてくる。できることや仕事が増えるから、収入もどんどん増えていく。

そう考えると、なんだかワクワクしませんか？

やっぱりコスパ最強なのは「自己投資」

ここまでは、30万円を稼げるようになるまでのお話をしてきました。

ここからはそれ以降の私について、少しお話しさせてください。

当時、本業と副収入で合計約50万円ほどの収入がありましたが、離婚したてで貯金はほぼゼロでした。手元に現金もなく、とても余裕があると言える状況ではありません。

さて、私がここから何をしたか。

私は最低限の収入はキープしつつ、もっと収入が増えるよう、収入の一部を投資に回しました。

ここでいう投資とは、２章で話したような金融商品やＦＸへの投資ではありません。

自分を高める自己投資です。

人に教えるためのパブリックスピーキングの教室に通ったり、自分の経験を記録し、それを見てもらうためのライティングといったセミナーを受講したり。さらに、新しい分野の収入源を確保するために、マーケティングの勉強にも挑戦しました。

体験や学びにお金を使い、**自分の器そのものを大きくすること**に注力したんです。

こういったリターンがすぐ目に見えない投資をすることに、抵抗を感じられる方もいらっしゃると思います。私は最初に物販ビジネスを学んだときにも、安くないお金を払いました。当時、申し込む前によくよく考えましたが、月10万円稼げるようになれば、数カ月で回収できる金額だと確信できたから挑戦したのです。

そのお金をきちんと回収できた実績があるので、何にせよ、やっぱり自己投資をすることは間違っていないと考えています。

死ぬことや老いることを恐れて保険や貯蓄にお金を回すだけでなく、「今をどう生きるか」にフォーカスしてお金の戦略を立てることも重要だと思うからです。

今も月々数万円の会費が必要なビジネスオンライングループにいくつか入っていますが、「会費以上に元を取ろう」と思っているからか、自分のスキルや人脈作りに確実につなげられています。

結局私は、そうやって自分のスキルをつけるのが好きで、楽しいんでしょうね。自分の限界に挑戦することが好きなんです、ずっと。

こういうと「私だけができることだ」と思われるかも知れません。しかし、これはメルカリを使った物販でやってきたことの拡大版と言えなくもないいんじゃないかなと思っています。

自分の力をつけるために仕入れで先に投資して、それを売上として回収する。その過程で、お金の管理能力やビジネスの力をつける。そうやって繰り返して、少しずつ広げてきました。

そう考えると自己投資って、そんなに高いハードルではないと思うんです。


さて、こういった投資の全てが順調に行ったかどうかはさておき、副収入を少しずつ大きくすることができた私は、その後看護師を辞め、会社からも独立。

これが精神的・経済的に独立したと思えた瞬間でした。

看護師のときにはできなかったネイルやヘアカラーも楽しめるようになりました。これは、YouTubeで人から見られるようになったということもおおいにありますが……。

自分のやりたいようにできる生活に、完全になれたのです。

YouTubeと言えば動画を配信していると、「稼ぐための貴重な情報を、どうしてYouTubeで無料で話すんですか」と言われることがあります。そういう方は、情報を提供するとライバルが増えると考えているかも知れませんね。

例えば、メルカリで販売する人が100人増えたとして、その全員が稼げたところで、メルカリのユーザー数は約3000万人いますので、使う人、買う人のほうが全然多いわけです。そこはライバルになりようがないので、だったら皆で稼いでいきましょうよと私は思います。

メルカリの使い方、売れるコツなども色々な人が動画配信されていますが、配信する側も、再生数が伸びたらそこから広告収入が発生して収益につながります。

そこにお金というメリットがあるし、自分のことも知ってもらえる。見る側も、無料で情報を得られる。win-win な関係が成り立っているということです。

さきほど、LINEグループで「この商品がよく売れました」といった情報をシェアしてくれる実績のある方がいる、というお話をしましたが、実はこういった方が後々、自分で作るビジネスグループのメンバーを募集することがあります。

前にも少しお話ししましたが、グループを作るメリットは、お互い足りない時間を補い合えること。もちろん、リアルな友達同士でグループを作って助け合うのもいいでしょう。

そして、こういった方がグループメンバーを募集すると、シェアしてもらっていた人達から、「役立つ情報をシェアしてくれていた、懐の広いこの人だったら一緒に仕事をしたい」と手を上げてくれる人が出てきます。

つまり情報をシェアすることは、シェアする側にも、される側にもメリットがあるということです。

ビジネスって結局こうやって、お互いwin-winになることをし合って初めて利益が上がるもの。それはいつの時代であっても、ビジネスの基本なのだと思います。

増えた月30万円をそのままにせず自己投資に回したことで、自分の収入自体を増やし、周りの人達の収入を増やし、**資源や人脈がどんどん増えていったんです**。

私が過去に失敗したFXの投資では短期間でお金を失いましたが、**自分自身への投資は時間がかかったとしても100%以上のリターンをもたらしてくれました**。

自分にお金をかけるときに重要なのは、どれだけ自分の可能性を信じることができるか。

どうしても自分の可能性に自信がない方は、まずは自分が信じる誰かに相談してみたほうが、自信を得られるかもしれません。

我慢する「おひとりさま」はもう古い

自己投資によって収入も増え、お金の使い方にも変化が起こりました。

私が10代20代だった頃は、おいしくて高いものにお金を出すよりも、量が多くて安いものにお金を使ってきました。フランス料理のフルコースよりも食べ放題、プラダやグッチよりもファストファッション……というふうに。

しかし、年齢を重ね、健康のことや、子どもへ与える影響を考えるようになると、**生活がシンプルになり、「良いものが最低限あればいい」という考えに変わっていきました。**

値段が高くても、オーガニックで身体に良い食べ物を選ぶようになりました。子どもにも、安い使い捨てのおもちゃではなく、長く使えて大事にできるおもちゃを選んでいます。

世界的にも今「ミニマム」「エシカル」などが注目される傾向がありますよね。

おもちゃに関しては、「門前の小僧なんとやら……」で、うちの子ども達はあまり汚さずきれいに使って、もう使わなくなったら、「ママ、メルカリに出品して」と言ってきます。売れたお金で新しいおもちゃを買うんです。ちゃっかりしてますよね（笑）。

しかしこれも、捨てずにリサイクルにつながると考えれば、ある意味でエコな教育になっているのかも知れません（笑）。

いわゆる「コスパ」ばかりを考えた生活は、どうしても生活の豊かさとは離れてしまいます。

近年は、節約ブームや100円均一ショップの人気ぶりなど、多くの人がコスパを追求するようになっています。これは、将来お金が増えていくとは思えず、その分、我慢して今出ていく分を減らそうと思うからでしょう。

このようなことが起こるのは、多くの人が「自分ではお金をコントロールできない」と思い込んでいるからに他なりません。

なんだか、少し悲しいことだと感じませんか？

本当に良いものには、高くてもお金を払う。金額で判断するのではなく、品質や自分の好みで買うものを選ぶ。これができるくらいのお金を手元に置けるようになったら、**本当の意味での豊かさが手に入る**のではないでしょうか。

価格で比べて安いほうを買ったり、買うのを諦めたりするのは、本心で望んだ通りではないですよね。本当は「高い商品のほうがいい」と分かっていても、高くて手が出ず、「高いほうを買う」という選択肢を諦める。そういうことがほとんどでしょう。

お金があるということは、このような選択肢を多く持てるということです。「何か食べたい」「どこか旅行にいきたい」「新しいインテリアが欲しい」など、日々湧き上がるやりたいことや問題の答えの選択肢をたくさん持てるということです。

そんな**小さな選択の積み重ねが、「自分の人生をコントロールする」ことにつながっていく**のだと思います。

私は都内に住んでいるのでマイカーを持っていませんが、以前、知り合いの年商10億超えの経営者の方に、高級車ベントレーに乗せてもらったことがあります。

大きくて管理費用も高く、価格面から考えると経済的な合理性は低いのですが、その乗り心地や運転の満足感は合理性では表せません。

自分にとって本当に価値のあるものに、採算度外視でお金をかけられる。
それは心の豊かさにつながると実感した経験でした。

「自分のため」だけでなく「誰かのため」に

月収100万円が安定したタイミングで法人を設立。経営者になったことで、**今まで個人目線だった考えが、一気に社会へと広がりました。**

私と同じように、我慢生活から脱出したい人、離婚して「おひとりさま」を目指す人、子どもとの時間を大事にしたい人などの力になりたいと考えるようになり、その支援をする決意をして今に至ります。

私の考えに賛同、応援してくださる方も徐々に増えて、ありがたいことに、年商5000万円を超える会社に育ち、自分で稼げる「おひとりさま」を生徒さんから輩出することができるようになりました。

貯金や投資にも回せる余裕資金ができたことで、金銭的には老後への準備も万全に。これからは、家族を大切にしながら、仕事も好きな範囲で続けていきたいと考えています。

ここまでに要した歳月は、わずか2年間。

スマホのアプリの活用から法人設立なんて、わらしべ長者みたいですよね。

ちゃんとひとつずつ段階を踏むことで、特殊な能力なんて全くない私のようなイチ看護師、イチママでもできたんです。

ひとりになることは、怖いことではありません。

私は今の状況を、自分で選んで作り出しました。

もちろん、子どもや友達、パートナーといった誰かと過ごすことで得られる楽しさを否定はしませんし、自分でもその時間を楽しんでいます。彼らがいるから「おひとりさま」の寂しさを感じずにいられる部分もあるでしょう。

子ども達はやがて巣立っていき、私もまた本当の意味で「ひとり」になるのでしょうが、生徒さんやビジネスパートナー達がいるので寂しくはありません。そんな未来を心配するよりも、今子ども達と一緒にいられる限りある時間を楽しんでいます。

その一方で、**ひとりだからこそ得られる、自分だけの時間も絶対に必要です**。私は、どんなに環境やライフスタイルが変わっても、それを楽しめる自分でいたいと考えています。

何が起きても「大丈夫」と言える未来へ

「おひとりさま」を楽しむにはお金が必要ですが、お金を生み出す過程だって、できれば楽しみたいもの。**収入を増やしたい仲間と交流できる場を持つことで、お互い刺激になり、また励まし合うこともできます**。

継続するために環境が大事であるというお話はしましたが、収入が増えて、仲間も得られればコスパも良いですよね！

そういった意味で、私はこれまで本当に人や環境に恵まれてきました。

物販をしている仲間同士で情報を共有しあって、タイミングによっては先生レベルの人がコメントしていたり、生徒さんが皆に教えたりというシーンもよく見かけます。

そうやって教えてもらった初心者は、情報をシェアされるのが当たり前の環境で育つので、ゆくゆくは自分自身がシェアする側に自然に成長していきます。

私が想像した以上に、**とても良い循環が生まれているんです**。教える側も、「あなたが稼げるようになったらシェアしてくださいね」という温かい気持ちでやってくれていて、本当に自慢の仲間達です。

何か行動を起こせば、きっとあなたにもそんな仲間に出会えるチャンスが訪れますよ。


元々私は長年集中治療室で看護師をしていたため、多くの人の死に立ち会ってきました。死だけでなく、病気や事故により、急に身体を思うように使えなくなる麻痺を持って退院される方も見てきました。

そんな中で、自分の人生はいつ思うようにいかなくなるか、いつ死ぬか分からないという焦燥感を持つようになり、**「死ぬときに後悔したくない」**という気持ちが強くなりました。

また、急に一家の大黒柱が亡くなった家族の金銭面の大変さや、相続問題なども見てきました。

そういった経験から、「あれをしておけば良かった」よりも、今やりたいことをやっておきたいと強く考えるようになったんです。

人はいつか必ず死ぬし、そのとき天国にお金は持っていけません。

死んだ後の準備もしておかないと、残されたほうも大変になる。

だったら、節約して生活を縮小するよりも、**収入を増やして、やれるだけ自分の可能性に挑戦してみたい**。そう思うようになりました。

そして、お金を使ってでも自分のスキルや能力を上げることに自分の残り時間を投資するほうが、意義がある人生になると考えたのです。

そう思ってメルカリを使った物販を続ける中で、私のスキルや能力は上がり、目標に掲げた利益を次々に達成。そのスキルを活かし、さらに新たな教えるスキルも学んで講師という立場となり、スクールを運営するために起業に至りました。

お金もある程度は稼げるようになり、これまでの4年間で生徒さん達が脱サラや脱パート、もしくは私のビジネスパートナーとなり、夢を叶えるところを100人以上見てきました。

目標に掲げたことは達成できているので、子どものことはもちろん気にかかるでしょうが、今なら死ぬときの後悔はあまりないのではと思っています。

後悔と言えば、自分の時間を無駄遣いしたことぐらいでしょうか（笑）。過去にFXやアフィリエイトで失敗したこともそうですが、離婚前に副業を始めるときに半年ぐらい調べたというお話はしたと思います。これってやっぱり時間を使いすぎたな……と思っていて。

私より半年前に始めた人は、私より先に月100万円稼いでいたり、稼ぐ金額がトータルで大きくなっているので、「時間をかけるほど損」とは言い切れませんが、ビジネスの機会損失にはつながったと悔しく思っています。

だからこそ、今迷っている人には、早く始めていただきたいのです。

そして、私自身も現状に満足しているわけではなく、今も新たに目標は作り続けています。

老後にお金をもっとたくさん残したい。老後は利息だけで生活できるようになりたい。究極的には、趣味のランニングをしたり、海外旅行に行ったりしている時間さえも、お金が稼げる状態を目指しています。

お伝えした通り、「自分の時間と収入を増やす方法」を拡大して、「自分が何もしなくてもお金が生まれる状態」が作れたらいいなと夢見ているのです。

「ラットレース」などとよく言われますが、自分の時間をひたすら使ってそれをお金に変えるのではなく、人の手や時短家電の力を上手に借りられるようになったり、時間をコントロールして仕事を効率化することを追求していくとその延長に、そういった仕組みで収入を得られる道は必ず開けると信じています。

目標は今なおどんどん、アップグレードし続けているのです。

しかし、その理由は「おひとりさま」として自由に生きることではなく、自由に生きられるようになったから今度は、「子どもに迷惑をかけない」「最後まで自分のお金で生きる」などに変わっています。

さらに、「子どもが海外留学したい」と言い出したら、まだまだ持っているお金だけでは危険かも……などと考えると、もっと頑張ろうと思います。人間の不安は尽きませんね(笑)。

そんなときも、お金でブレーキをかけずにやらせてあげられて、行きたいところに連れていってあげたい。**何が起きても、「大丈夫だよ」って言えるようになりたい**。

そんな「おひとりさま」って、素敵だと思いませんか。

さあ、後はあなたがどうしたいかだけです。

積極的に情報を取りに行くことが、未来の安心につながります。

5章のまとめ

- メルカリで身につけた「稼ぐ力」によって周りの環境が変わっていく。
- 家事や単純作業は人に任せて、自分にしかできないことに時間を使おう。
- 増やしたお金を「自己投資」に回して、さらに自由な生き方を叶えよう。
- 経済的に自立できれば、自分にとって本当に良いものを選べる生活ができる。
- 自分ひとりのためだけではなく、誰かのためになることを考える余裕ができる。
- 自立して生きていく力を身につけても、常に新しい目標に向かっていこう。

COLUMN

老後のお金が不安……副業で増えた収入を投資へ

50代自営業ママの場合

最後にご紹介する成功事例は、九州にお住まいの52歳、Yさんです。

印刷会社を経営されている女性で、従業員も何人か抱えていらっしゃいます。お子さんはすでに独立されていて、旦那さんと2人暮らしです。

Yさんは、「老後の資金として投資信託をするために、空いた時間で月3万円を稼ぎたい」と、最初からかなり具体的な目標を持っていました。何か良い方法はないかと思っていたときに、私の動画を見て「自分もやりたい！」と思ったのが、メルカリを使った物販ビジネスを始めたきっかけです。

思いついたら即実行とばかりに、相談してすぐ入会されました。

Yさんは、素晴らしいバイタリティで、3万円という目標は初月ですぐに達成。

その後、同じくらいの時期にスクールに入った同期や、周りの生徒さん達が、10万円、30万円と目標を達成していくのを目の当たりにしました。「皆がそこまで行けているんだから、自分も行きたい！　行けるはず！」と、**当初の目標を超えて頑張った**のです。

経営者としての経験が長く、デザインも得意なYさんなので、最初は「自分のやり方で稼げるのでは」と自己流に走り、売上が伸び悩んだこともありました。

しかし、その失敗をすぐに反省して、講師の言った通りに努力を重ねるように。

その努力が実り、**3カ月で10万円、6カ月で30万円の売上を達成**されました。

Yさんが30万円を達成できた理由は、**周りの人の影響が大きかった**と思います。

毎日の日報で同期などが頑張っているところを見て、「メルカリでこんなに稼いでいる人がいる」と知ることができたからこそ、当初の目標以上にやる気になったのです。

Yさんのように、多くの生徒さんが自分以外の人の日報を見るのを楽しみにしています。人の日報をよく見て勉強し、お互い良い刺激になっています。やっぱり、仲間がいる環境がモチベーションの維持になっているんだと思います。

日報に自分の思いを書いている人も多いんです。副業を始めた理由や、子育ての話を書いている人もいます。

日報を通して人となりを知ることで、「自分と境遇が似てる」「あの人も頑張っているから自分も頑張ろう」などと、顔が見えなくても仲間意識が生まれているんです。

そして、その中に確実に結果を出している人がいるから、**自分も目標を高く持ち、より上に挑戦していける**のではないでしょうか。

メルカリ物販のグループは、たとえるなら学校の部活に近いかもしれません。

勉強と言っても、学習塾などでは他の人の点数や順位は分かっても、努力の過程や思いまでは伝わりません。学校の部活では、切磋琢磨する姿がお互いに見えます。1年生が、2年生の先輩が試合で活躍している姿を見て、「自分も頑張れば1年後活躍できるかも」と練習に励んだり、同級生同士のライバル関係が良い刺激になったりしますよね。

「自営業で今売上が苦しい人こそやってほしい」

「50代でも、自分にはまだ新しいことができる！　という発見をぜひ体験してほしい」

これが、Ｙさんから皆さんに伝えたいメッセージです。

コロナ禍を受けて、飲食業を営む方など大変な自営業者の方も多いのではないでしょうか。そんな方にメルカリを始めていただけたらと、私も思っています。

最近、**Ｙさんは梱包などの作業を外注することも始めました**。人の手を借りることで、自分の自由な時間を増やしつつ、お金も増やしています。

私のスクールでは、自分が外注をする前に、まず誰かの外注先になってもらうようにしています。こうすることで、どういう風に仕事を手伝ってもらえばいいか、学ぶことができるというわけです。

互助グループに入って人脈を作ると、このように協力し合って、さらに自分の生活を豊かにしていくことができるようになるんです。

おわりに

この本を最後までお読みくださり、ありがとうございました。

本書を手に取ってくださったあなたは、どうして「おひとりさま」が気になったのでしょうか。

すでにシングルの方、これから離婚を考えている方、独身の方、色々な状況の方がいらっしゃると思います。

「はじめに」でもお伝えしましたが、私が「おひとりさま」を選んだ理由は自由になるためでした。もっと収入を増やしたい、大事な双子の子ども達と一緒にいたい、自分の時間も持ちたい……。恥ずかしい話ですが、自分の願いを叶えるために、自立してひとりになることを選びました。

この自分の願いを叶えるためには、家に居ながら隙間時間にできる仕事をする必要があり、たまたまメルカリを使った収入の増やし方を知ったのです。

過去には私の無知で軽率な行動から、家でできる作業だったにもかかわらずアフィリエイトやＦＸで失敗していたこともあり、始めるかどうか半年も悩みました。それでも、「やらなかったことで後悔したくない」とビジネスの世界に飛び込みました。

「こんな世界があったんだ」

メルカリというスマホアプリの小さな入り口から始まった私のビジネスは、今も私に日々新しい気づきを与えてくれています。

看護師という狭い業界しか知らなかった私が、メルカリ、オンライン物販を通じて、今まで関わることのなかった人とのつながりや知恵、知識を得ることができました。これらは収入を上げるだけでなく、今も私自身を成長させてくれています。

最初にも書いたように、私がメルカリを使った物販を学び始めたときは、誰かの役にたちたい、会社を持ちたい、情報発信をしたいという壮大な志があったわけではなく、子ども達のため、私自身のため、という本当に小さな願いを叶えるためでした。

ですが、始めたら、その魅力にハマり、いつしか会社経営、物販スクールの運営と教える立場になっていました。

私のようになりたい、収入を増やしたいという生徒さん達が、悪戦苦闘しながらも、それぞれのご状況に合わせてメルカリ物販を生活に取り入れて、収入を増やし、理想のライフスタイルを叶えていく姿を見るたびに、改めてこのビジネスの素晴らしさを実感しています。

そして、そんな人達を増やしていくことが私の天職なのだと気づけたのです。

本業があるから難しい、家事や育児で精一杯……。

本当は自立したい思いがあるのにそんなふうに考えて、「自分自身が我慢すればいい」と遠慮して生きようとしてしまう人が、少しでも減ってほしいのです。

副収入で30万円を得たら、人生の選択肢は一気に広がります。

ビジネスを始めて、副業収入30万円はむずかしくない、ただ何をするか、誰とするかが非常に重要であるということが分かりました。私の4年間の経験を少しでも多くの方に伝えたいという思いが、本書を作ったきっかけです。


私は「おひとりさま」が好きですし、自由に稼ぐ「おひとりさま」を増やしたいと心から思っています。ですが、決して誤解しないでいただきたいのは、自由に稼ぐ「おひとりさま」になるのは、ひとりでは難しいということです。

私は、ひとりで収入を増やそうと思って色々なインターネットビジネスに手を出して失敗してきました。その経験から、次は教えてもらおうと思い、現在はビジネスパートナーとなっている師に連絡をしました。

学ぶ過程で、看護師やママをしているだけでは得られないような年代、職種、など様々な仲間ができ、困ったときや悩んだときはLINEというコミュニケーションツールやZoomというオンライン会議ツールを使ってサポートしてもらいました。

時には、直接会って励ましていただいたり、助言をもらったりしたことも数え切れません。

ひとりになりたいからと、他人との関わりを拒絶してしまっては、自分ひとりの力しか使えません。しかし、他の人の力を借りることで、自分の能力を最大限に引き出し、さらに伸ばすことができます。

私はこれを、身をもって痛感しました。

元々はひとりで何でもやってしまい、人に頼らない性格。自治体のファミリーサポートやNPO機関などを使うなんてもってのほか。しまいには夫にさえも頼らず、高熱があっても、子どものオムツを替えていました。

ただ、それは長くはもちません。

ひとりで頑張っても、1日が24時間以上に増えることはないし、健康を害すれば自分だけでなく家族にも迷惑がかかります。

「ひとりになるために人に頼る」

この発想を持てるかどうかが、自由に稼げる「おひとりさま」になれるかの分かれ目です。

もしこれから先の自由への入り口を知りたいという方は、私の公式ＬＩＮＥへ一度ご相談ください。私の本の読者様のために特別に動画を撮りましたので、ご希望の方にプレゼントさせていただきます。

私にとって「おひとりさま」は孤独になることではなく、自分で選択してひとりでいることです。

ひとりでいる時間も、誰かといる時間も、どちらも大切で捨てることができない。そんな人こそ、「おひとりさま」を満喫できるように、収入を増やして人生の選択肢を増やしていきましょう。

一度きりの人生。

何者にも縛られず、自分で人生をコントロールできる人がこの本を機に増えていくことを切に願っています。

最後に、本書の編集を担当してくださった谷本さん、向上心あふれる頼もしいビジネスパートナー達、いつも私の支えになってくれている最愛の子ども達、日常をサポートしてくれる家族達にこの場を借りて感謝いたします。

２０２１年7月　瀬戸山エリカ

瀬戸山エリカ

株式会社ラディネイト代表取締役

1982 年、茨城県生まれ。筑波大学大学院生命環境科学研究科博士前期課程修了。

一般病院、大学病院に看護師として勤務しながら多数の副業を経験し、その中で約 200 万円の損失や投資詐欺にあう。一度は副業を諦めたものの、出産後「お金と時間の必要性」を痛感し、副業で物販と情報発信に挑戦、月商約 200 万円を達成して退職。その後シングルマザーとなり、自分と同じように悩む女性の自立を支援するために起業する。

現在は、SNS・講演・オンライン講座・雑誌などの他、「物販オンラインスクール」の運営を通じて副業や物販で個人が稼ぐための方法を発信している。YouTube、Instagram、Facebook、Twitter といった SNS の総フォロワー数は約 5 万人を超える。

編集協力　笹間聖子
本文・組版　横内俊彦
装丁　木村勉
校正　菅波さえ子

人生をストレスフリーに変える
「おひとりさま」のお金の増やし方

2021年8月30日　初版発行

著　者　瀬戸山エリカ
発行者　野村直克
発行所　総合法令出版株式会社
〒103-0001 東京都中央区日本橋小伝馬町15-18
EDGE小伝馬町ビル9階
電話　03-5623-5121
印刷・製本　中央精版印刷株式会社

落丁・乱丁本はお取替えいたします。

ISBN 978-4-86280-813-4
総合法令出版ホームページ　http://www.horei.com/